THE CLASH OF TECHNOLOGY

THE CLASH OF TECHNOLOGY

기술의 충돌

기술의 충돌
미중 기술패권 전쟁과 7가지 게임체인저

초판 1쇄 발행 2022년 9월 2일
초판 2쇄 발행 2022년 12월 20일

지은이   박현
펴낸이   이영선
책임편집   이민재

편집   이일규 김선정 김문정 김종훈 이민재 김영아 이현정 차소영
디자인   김회량 위수연
독자본부   김일신 정혜영 김연수 김민수 박정래 손미경 김동욱

펴낸곳 서해문집 | 출판등록 1989년 3월 16일(제406-2005-000047호)
주소 경기도 파주시 광인사길 217(파주출판도시)
전화 (031)955-7470 | 팩스 (031)955-7469
홈페이지 www.booksea.co.kr | 이메일 shmj21@hanmail.net

ISBN 979-11-92085-61-6 03340

미중 기술패권 전쟁과 7가지 게임체인저

기술의 충돌

박현 지음

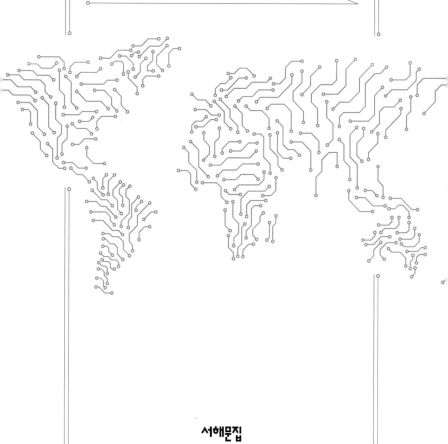

서해문집

더 큰 세상으로 나아가도록 이끌어주신 부모님께

프롤로그

두 개의 패권,
일곱 개의 전장

미국의 파격

"바이든 대통령이 방문하는 첫 번째 아시아 국가가 한국으로 결정된 것으로 알고 있습니다. 지난 60년간 그 어떤 미국 대통령도 한국을 먼저 방문한 적이 없는데요. 보통은 일본이 먼저였습니다." 2022년 5월 2일 미국 백악관 정례브리핑에서 한 아시아계 기자가 이렇게 질문을 시작했다. 5월 20일 조 바이든 대통령이 한국을 방문하고 이틀 뒤 일본에 가는 순방 일정을 두고 한 말이었다. 그는 이것이 "의미심장한 일"이라며 "미국의 동아시아 정책이 변화하는 신호"인지 물었다.

젠 사키Jenn Psaki 당시 백악관 대변인은 예상치 못한 질문에 잠시 뜸을 들이더니 "순방 순서 문제를 과하게 해석하지 않으면 좋겠다. 우리는 명백히 일본과 강한 유대관계를 갖고 있고, 한국과도 강한 유대관계를 갖고 있다"라며 피해갔다.[1] 그 기자의 지적대로 미국 대통령의 동아시아 순방은 일본을 거쳐 한국에 오는 게 관행이었다. 이는 미국이 암묵적으로 동아시아에서 일본을 가장 중요한 동맹으로 여긴다는 것을 의미했다. 따라서 미국 대통령의 선 방한, 후 방일 결정은 워싱턴 외교가에서 파격으로 받아들일 여지가 충분했다.

더 큰 파격은 바이든 대통령 방한의 첫 일정이 경기도 평택에 있는 삼성 반도체 공장 방문이라는 점이었다. 미국의 역대 대통령들은 한국에 오면 으레 청와대로 직행하거나 분단의 상징인 비무장지대 또는 미군기지를 찾는 게 관례였다. 저녁에 도착하는 경우엔 곧바로 숙소로 향하기도 했다. 그런데 여든의 고령인 바이든 대통령은 긴 비행에서 내려오자마자 삼성 반도체 공장부터 찾았다. 방문 시간도 오후 6시가 넘어서였다. 미국이 세계 메모리 반도체 시장의 강자인 한국의 반도체를 얼마나 중요하게 여기는지 상징적으로 보여주는 장면이었다.

바이든도 그런 뜻을 숨기지 않았다. 그는 공장을 둘러본 뒤 행한 연설에서 "이것(삼성 반도체 방문)은 이 순방의 상서로운 출발"이라며 "이는 두 나라가 함께 만들 수 있고 만들어야 하는 협력과 혁신의 미래를 상징하기 때문"이라고 말했다. 그는 이어 "몇 나노미터 두께의 이 작은 칩들은 우리를 인류의 기술 발전의 다음 시대, 즉 인공지능AI·양자기술·5G, 그리고 우리가 이 시점에선 생각조차 하지 못하는 기술들로 나아가게 할 열쇠"라고 말했다. 그의 말대로 반도체는 4차 산업혁명의 핵심이다. 4차 산업혁명은 인공지능과 초연결성을 기반으로 거의 모든 경제영역에서 '창조적 파괴'를 일으킬 것으로 예상되는데, 이런 기반 기술의 성능을 좌우하는 게 반도체다. 반도체가 '기술의 두뇌'이기 때문이다.

미중, 무역전쟁에서
기술전쟁으로

바이든이 언급한 세 가지 첨단 기술 가운데 5G(5세대 무선 네트워크 기술) 분야에서 중국은 이미 미국을 추월했으며, 인공지능도 대등한 수준까지 따라잡았다. 양자기술*에선 전반적으로 미

---

* 더 이상 쪼갤 수 없는 물리량(에너지)의 최소 단위인 양자quantum를 이용한 첨단기술. 연산, 통신, 측정이 대표적이며 각각 양자컴퓨팅, 양자통신, 양자센싱으로 구분된다.

국이 앞서지만, 이를 활용한 양자통신 분야는 중국이 우위다.

이렇듯 첨단기술 경쟁에서 중국은 미국의 턱밑까지 따라붙었다. 한 세기 만에 세계 최강국의 자리를 위협받게 된 미국으로서는 어떻게든 중국이 타고 오르는 사다리를 넘어뜨려야 한다. 이 사다리 걷어차기의 관건이 바로 반도체다. 때마침 반도체 산업의 생태계는 미국과 그 동맹·우방국(한국·대만·일본·네덜란드)들이 굳건히 장악하고 있다. 다수의 전문가는 미국이 반도체 기술을 틀어쥐면 중국의 추격을 조금이나마 늦출 수 있다고 본다. 반도체가 미중 패권 경쟁에서 '초크 포인트Choke Point'(전략적 관문)로 불리는 이유다. 바이든이 동아시아 순방의 첫 행선지로 한국을 선택하고, 그중에서도 삼성 반도체 공장을 제일 먼저 찾은 까닭이기도 하다.

바이든은 이날 연설에서 동맹의 중요성을 누차 강조했다. 미국 혼자서는 중국을 따돌리기 어려운 지경에 이르렀고, 여러 동맹과의 공조와 연대를 통해서만 승산이 있음을 잘 알기 때문이다. 또한 그는 경제발전과 국가안보에 핵심적인 기술과 공급망은 '가치를 공유하지 않는 나라들'에 의존할 수 없다는 말을 남겼다.[2] 그 발언의 타깃이 (정작 연설에서는 한 번도 언급되지 않은) 중국이라는 사실을 모르는 이는 없을 것이다.

바이든의 방한을 계기로 한국-미국의 '반도체 동맹' '기술

동맹'이 맺어졌다는 평가가 각국 언론에서 쏟아져 나왔다. 국제관계에서 첨단기술의 전략적 중요성이 그만큼 커진 것이다. 4차 산업혁명의 주요 영역은 바이든이 말한 인공지능·양자기술·5G 외에도 빅데이터·로봇·슈퍼컴퓨터 등이 꼽힌다. 민간과 군사 분야에 두루 활용되는 이런 첨단기술에서 우위를 점한 나라가 경제는 물론 군사패권까지 장악할 수 있다. 미중 간 패권 다툼이 기술 경쟁의 성격을 띤다는 분석은 그래서 나온다.

2018년 도널드 트럼프 행정부가 중국산 제품에 고율의 관세를 부과하며 무역전쟁의 포문을 열었다면, 바이든 행정부는 이를 기술전쟁으로 확전하고 있는 양상이다. 군사력 경쟁은 근본적으로 한 나라가 힘을 키우면 상대국의 안보 불안이 커지는 '제로섬 게임'이다. 군사력을 증강하는 나라는 자국 방위를 명분으로 내세우지만, 상대국은 이를 곧이곧대로 받아들이지 않고 맞대응하기 마련이다.

이런 식의 군사력 경쟁은 양측 모두의 안보가 불안해지는 역설적 결과를 초래하곤 한다. 국제정치학에서는 이를 '안보 딜레마'라고 부른다. 이와 달리 기술 경쟁은 대개 국가 간 물적·인적 교류를 촉진하며 양측이 모두 만족하는 '윈윈 게임'을 만들어내곤 한다. 그런데 세계질서가 어지러워질 때는 기술도 제로섬 게임의 도구가 된다. 오늘날이 그렇다.[3] 냉전 시기 공산권 국가에 대한 수출 통제를 담당했던 코콤COCOM처럼 미국이 동맹·우방국과 연합해 대중국 기술수출 통제에 나서는 이유이기도 하다.

기술패권의
계보

근대 이후의 역사에서 기술 변혁과 세계패권은 뗄 수 없는 인과관계를 갖는다. 18세기 이래 산업의 기반이 되는 기술 개발에 성공한 국가는 생산력의 비약적 증가를 이뤄냈고, 이는 국제 무역의 주도권으로 이어졌다. 나아가 그렇게 쌓은 국부를 바탕으로 군사력을 키워 세계패권을 거머쥐었다. 18세기 후반 증기기관을 개발해 1차 산업혁명을 주도한 영국이 대표적이다. 증기기관은 전례 없는 대량생산체제와, 철도를 비롯한 수송·교통망을 탄생시켰다. 이를 토대로 융성한 국제 무역과 세계 최강의 해군력이 대영제국 100년의 영화를 이끌게 된다.

19세기 후반, 미국은 전기와 내연기관을 기반으로 한 제2차 산업혁명의 물결에 올라타며 영국의 경제 규모를 넘어섰다. 1차 세계대전(1914~1918)과 대공황(1929년~1930년대) 이후 영국의 퇴조를 틈타 글로벌 리더십을 발휘하기 시작한 미국은

2차 세계대전(1939~1945)을 거치며 명실상부한 세계 패권국 자리에 올랐다.

미국은 1980년대 제조업 공동화*와 쌍둥이 적자(무역적자와 재정적자)에 시달리며 휘청거리는 듯했으나, 20세기 말 컴퓨터와 인터넷 등 디지털 기술을 기반으로 한 3차 산업혁명을 주도하면서 패권 유지에 성공한다. 21세기 초 세계는 다시 인공지능과 통신망, 그리고 신재생에너지를 기반으로 한 4차 산업혁명**의 시대를 맞고 있다.[4]

중국이 노리는 것도 바로 4차 산업혁명이라는 기회의 창이다. 기술 격변기에 대도약을 이뤄 세계 최강국 자리를 넘보겠다는 것이다. 이런 분위기는 시진핑 국가주석이 최고지도자 자리에 오른 2013년부터 시작된 것으로 보인다. 그해 9월 중국공산당 핵심 권력집단인 정치국은 IT 산업단지인 베이징 중관춘에서 집단학습 행사를 열었다. 정치국 집단학습이 중국 지도부의 집단 거주지인 중난하이 밖에서 열린 것은 그때가 처음이다.

---

* 탈공업화 현상, 산업공동화 현상이라고도 한다. 경제발전 과정에서 내·외부적 요인 등으로 제조업의 생산·고용 비중이 줄고 서비스업 비중이 증가하는 변화를 가리킨다.

** 전문가에 따라서는 이를 3차 산업혁명의 연장으로 보기도 한다. 그러나 이 책에서는 디지털 기술의 발전 속도와 파급력이 기하급수적 성장을 보인다는 점에서 4차 산업혁명으로 칭하기로 한다.

정치국 위원들은 반도체 장비와 바이오·우주항공 산업 전시 구역을 주의 깊게 둘러봤다. 또한 빅데이터, 나노 재료, 생체칩, 양자통신 분야의 기술 개발과 응용 수준에 관해 연구원들과 긴 대화를 나눴다고 한다. 시 주석은 연설에서 "우리는 위기의식을 갖고 새로운 과학기술 혁명과 산업변혁의 기회를 잡아야 한다. (…) 기다려서도, 관망해서도, 나태해져서도 안 된다"라고 말했다.[5] 이듬해인 2014년부터 중국은 '대중창업 만중혁신大衆創業 萬衆革新'이라는 구호를 내걸고 대대적인 창업장려 정책을 펴기 시작했다.

이후 시 주석은 4차 산업혁명과 관련한 포부를 국제 무대에서 공개적으로 드러냈다. 그는 2018년 7월 남아프리카공화국 요하네스버그에서 열린 브릭스BRICS(중국·러시아·브라질·인도·남아공) 정상회의 연설에서 "18세기 1차 산업혁명의 기계화, 19세기 2차 산업혁명의 전기화, 20세기 3차 산업혁명의 정보화까지 과학기술 혁신은 사회생산력의 대해방과 생활수준의 대도약을 가져오면서 인류 역사의 발전 궤적을 근본적으로 변화시켰다"라고 말했다. 이어 "오늘날 우리는 더 크고 더 깊은 과학기술 혁명과 산업변혁을 겪고 있다. 빅데이터·인공지능 등 첨단기술이 속속 등장하고, 신기술·신업태·신산업이 쏟아져 나오고 있다"라고 말했다.[6] 당시 별도로 열린 비즈니스 포럼 연설에서 그는 "지금 세계는 100년 동안 보지 못한 대격변에 직면해 있다"라고 진단하며 이렇게 말했다. "향후 10년은 세계 경제에서 신구 성장동력이 전환되는 시기다. 인공지능·빅데이터·양자정보·바이오 등 새로운 과학기술 혁명과 산업 변혁이 신산업·신업태·신모델을 양산하고 글로벌 발전과 인류의 노동과 삶에 지각변동을 일으키고 있다. 우리는 신흥시장국과 개발도상국의 비약적인 발전을 위해 이 중대한 기회를 잡아야 한다."[7] 중국 등 브릭스 국가가 힘을 모아 미국 등 서구 선진국들을 대체하는 기회로 향후 10년을 활용하자는 주장이다.

미국 vs. 중국
통념과 현실

과연 신흥 강대국 중국이 미국을 세계 패권국가 자리에서 밀어낼 수 있을까. 독자들은 이후 전개될 이야기를 통해 미중 패권 경쟁의 미래를 머릿속에 그릴 수 있을 것이다. 그에 앞서 현재 두 나라의 국력을 객관적으로 바라볼 필요가 있다. 쏟아져 나오는 상당수 보도와 연구에서 미국은 흔히 '지는 해'로, 중국은 '떠오르는 해'로 묘사된다. 그러나 세계은행의 집계에 따르면

이는 사실과 동떨어진 견해다.

한 국가의 하드파워, 즉 전통적 의미의 국력을 가늠할 수 있는 것은 경제력과 군사력이다. 경제력으로 볼 때 중국은 분명 '떠오르는 해'다. 중국이 세계경제에서 차지하는 비중은 개혁개방 초기인 1980년에 2%에 불과했으나 2020년에는 17%까지 치고 올라왔다.

그런데 '지는 해'는 미국이 아니라 유럽과 일본이다. 1950년대 세계경제의 40%를 차지하던 미국의 비중은 다른 나라들이 성장하면서 1980년에는 25% 수준으로 하락했다. 그럼에도 이 수치는 세계경제를 호령하는 데 충분한 규모다. 세계 금융위기 직후인 2010년에는 23%까지 떨어지기도 했지만 2020년엔 다시 25% 선을 회복했다. 온갖 종류의 쇠퇴론에도 불구하고 지난 40년간 미국 경제가 세계에서 차지하는 몫이 그대로 유지되고 있다는 얘기다.

반면에 1980~2020년 사이 유럽연합EU의 비중은 29%에서 18%로, 일본은 10%에서 6%로 크게 줄어들었다. 다시 말해, 세계경제에서 미국의 비중은 그대로인 가운데 중국이 급부상하고 유럽·일본이 추락했다는 것이다. 다만 미중 간 격차는 급격히 축소되었다.

군사력 측면에서는 미국의 우월적 지위가 더 공고하다. 스톡홀름국제평화연구소SIPRI가 집계한 자료를 보면, 2021년 기준으로 미국의 군비 지출은 8010억 달러로 세계 전체 군비의 38%를 차지했다. 이 액수는 2~11위 국가의 군비 총액과 맞먹는 수준이다. 2위인 중국은 2930억 달러(14%)였다. 다만, 최근 10년간 추세를 보면 중국의 추격이 무섭다. 2012~2021년 미국의 군비지출 증가율은 −6%를 기록한 반면에 중국은 72%에 달했다.[8]

미국과 중국의 국력 비교는 이렇듯 짐작보다는 팩트를 들여다보는 게 중요하다. 통계와 추세를 고려한 냉정한 평가가 미중 패권 경쟁의 미래를 전망하는 데도 많은 시사점을 던져주기 때문이다. 미국은 현재의 위상과 경로를 상당 기간 유지할 가능성이 높다. 그렇다면 두 나라 경쟁의 판도는 중국이 지금까지의 급격한 발전을 얼마나 더 지속할 것인지, 혹은 어느 수준으로 둔화할 것인지에 달려 있다고 해도 과언이 아니다. 중국의 발전 경로는 미국의 강력한 대중국 경제 제재와 코로나19 팬데믹, 중국공산당의 기업 통제와 시장 개입, 인구 고령화 등의 문제에 적잖은 영향을 받을 것이다. 이 책은 이런 변수에 대해서도 살펴볼 것이다.

네 차례의
패권 방어전

미국은 지난 한 세기 동안 네 차례의 큰 위기를 극복해내며 세계패권을 지켜왔다.[9] 첫 번째는 1930년대 대공황이다. 프랭클린 루스벨트 대통령은 뉴딜정책으로 10년에 걸친 최악의 불황을 돌파했고, 뒤이은 2차 세계대전을 연합국의 승리로 이끌며 미국을 세계 최강국으로 자리 잡게 했다.

두 번째는 1957년 스푸트니크 충격Sputnik crisis이다. 당시 소련이 인류 최초로 스푸트니크 인공위성 발사에 성공하자 미국은 과학기술과 군사력에서 소련에 밀렸다는 그야말로 '충격'에 휩싸였다. 드와이트 아이젠하워 대통령은 즉각 미항공우주국NASA을 설립해 우주 경쟁에 뛰어드는 한편 국방고등연구계획국DARPA을 설립해 첨단기술 개발에 박차를 가했다. 국가 차원의 투자는 초음속 제트기, 핵추진 잠수함, 유도 미사일 등 전략무기 개발로 이어졌다. 국방 분야의 연구·개발은 이후 민간에서 반도체·인터넷 등의 첨단기술을 상용화하는 발판이 되었다. 위기가 기회가 된 셈이다.

세 번째는 1960~1970년대 불어닥친 경제·사회적 불안이다. 베트남전쟁-브레턴우즈 체제* 붕괴-오일쇼크라는 국제적 상황과 각종 민권운동·반전운동 등 미국 내부의 변화가 맞물리며 일어난 위기였다. 한때 소련에 추월당할지도 모른다는 전망이 나돌 정도로 휘청거렸던 시기였지만 미국은 시민권 개혁으로 사회불안을 이겨내는 한편, 변동환율제를 성공적으로 안착시키며 기축통화로서 달러화의 위상을 지켜냈다. 이후 세계 경제가 불안에 빠질 때마다 돈이 안전자산인 달러로 몰리면서 달러의 지배력은 더욱 공고해졌다.

네 번째는 1980~1990년대 초반 제조업 약화와 쌍둥이 적자에 따른 위기로, 이때는 일본이 미국을 따라잡을 것이라는 우려가 들끓었다. 그러나 미국이 정보기술IT 혁명을 주도하며 위기를 극복한 반면 일본은 부동산 버블 붕괴로 장기 침체의 길로 들어서게 된다.

그러나 이번엔 다르다는 주장도 설득력 있게 제시된다. 중국은 경제 규모뿐만 아니라 인구, 자원, 영토 등이 기존 도전국들과 차원이 다르기 때문이다. 이런 거대한 규모의 중국은 마

---

*   1944년 미국 뉴햄프셔주 브레턴우즈에서 합의되어 1971년까지 지속된 국제통화 질서를 말한다. 이 협정으로 미국 달러화를 기축통화로 하는 금본위제도('금 1온스=35달러'로 환율을 고정하고 다른 나라의 통화는 달러에 고정)가 채택되었다. 또한 이 협정에서 환율 안정과 개발도상국 지원을 목적으로 국제통화기금IMF과 국제부흥개발은행IBRD이 탄생했다.

치 대영제국을 추월하던 1세기 전 미국과 닮은 꼴이다. 게다가 중국은 공산당이 지배하는 일당독재 국가여서 정치체제와 이데올로기까지 미국과 대립항을 이룬다. 이에 견줘 소련은 군사력은 강했지만 경제력이 약했고, 일본은 경제력은 강했지만 인구·영토가 작고 안보를 미국에 의존했다.

일곱 개의 전장, 또는 게임체인저

경제·외교·이데올로기·군사 전 분야에서 벌어지고 있는 미중 패권 경쟁의 핵심은 첨단기술이다. 특히 반도체·인공지능·5G 등 민군 겸용 첨단기술의 주도권을 쥐는 쪽이 경제패권, 나아가 군사패권까지 손에 넣을 것이다. 영화《반지의 제왕》의 '절대반지'와 다름없는 위상이라고 할 수 있겠다. 현재로선 미국이 이 절대반지 쟁탈전에서 앞서 있지만 중국의 추격도 대단하다. 중국은 앞서 언급한 5G와 양자통신뿐만 아니라 드론·전기차·배터리 분야에서 미국을 추월했고, 인공지능 분야에서는 미국과 경합하고 있다. 이 추세대로라면 10~20년 뒤에는 반도체 등 미국이 우위를 지키고 있는 나머지 분야에서도 비슷한 구도가 벌어질 것이다.

국가 간 기술 전이는 시간문제일 뿐 막을 수 없다. 영국·독일·미국·일본·한국 등 오늘날의 첨단기술 강국들은 초기에는 앞선 나라의 것을 모방하고 훔쳐가며 기술 습득에 사활을 걸었다. 이를 차츰차츰 자체 기술로 체화하며 혁신과 창조로 나아갔다.[10] 중국이라고 다를 이유가 없다. 미국이 대중국 견제의 강도를 더하는 것도 그런 위기감의 발로라고 봐야 한다.

이 책은 미중 간 기술패권 경쟁, 즉 '기술의 충돌'의 실태를 진단하고 미래를 전망한다. 권위 있는 연구자료와 산업통계, 각 분야 전문가들의 견해와 함께 '7가지 게임체인저'로 명명한 충돌의 주요 전장들을 들여다볼 것이다.

1장 〈긴 전쟁의 서막〉에서는 수십 년간 이어질 패권 경쟁에 임하는 미중 양국의 대전략을 살펴본다. 2장 〈세 개의 분수령〉에서는 첨단기술의 핵심인 반도체·인공지능·5G를 각각 누가 주도할 것인지를, 3장 〈지상·해저·우주에서의 네트워크 대전〉에서는 전 지구와 지구 바깥 인공위성 궤도에서 맞붙은 네트워크 기술과 인프라 선점 경쟁을 각각 살펴본다.

4장 〈중국의 히든카드〉에서는 미국의 제재에 맞선 중국의 역공 카드로써 희토류를 비롯한 핵심광물과 배터리·전기차 분야를, 5장 〈프랭클린과 마오의 금융패권 전쟁〉에서는 중국의 '디지털 위안화'가 달러의 패권에 균열을 낼 수 있는지를 전망한다. 6장 〈첨단 무기 경쟁〉은 양국의 군사 테크놀로지 경쟁과 이를 추동하며 이익을 취하는 군산복합체의 행태를 들여다본다. 7장 〈디커플링—21세기의 냉전〉에서는 기술-자본 영역에서 시도되고 있는 미국의 디커플링(분리) 공세와 중국의 대응을 살펴본다. 에필로그에서는 미중의 충돌에 직면한 한국의 역할과 활로를 모색하며 이야기를 마무리한다.

대다수의 싱크탱크와 미디어가 중국이 머지않아 미국을 추월하리라는 시나리오를 전제하고서 논의를 전개하는 것과 달리, 이 책은 중국의 경제규모가 미국을 압도하지는 못할 것이며, 두 나라의 경제력이 엇비슷한 시기가 30~40년 이상 지속될 것으로 전망한다. 이른바 'G2의 병존'이라는 세계질서에서 한국과 같이 '낀 나라'들은 상당 기간 고통의 시기를 보낼 가능성이 높다. 미중 대결을 수수방관하거나, 어느 한 나라의 입장을 섣불리 좇아서는 안 되는 이유다.

자유의 가치를 전 세계에 전파한다는 선민의식으로 가득 찬 미국 예외주의와 100년 넘는 굴욕의 역사를 딛고 다시 세계의 중심에 서려는 중화 민족주의의 충돌은 어느 한 나라의 힘만으로는 제어할 수 없다. 다행히 세계패권 경쟁의 구경꾼에 불과했던 1세기 전과 달리 2020년대의 우리는 반도체를 비롯한 첨단기술 분야에서 미중이 무시 못할 레버리지(지렛대)를 갖고 있다. 한국은 독일·프랑스·호주 등 이해관계와 역량이 어금지금한 중견 강국 및 지역 협력체와 연대를 도모해 미중이 국제 규범을 준수하도록 요구하고, 파국을 막는 안전판 역할을 해야 한다. 역설적이게도 한국의 활로 또한 두 강대국 사이에 '낀 나라'라는 얄궂은 운명을 개척하는 데서 열릴 것이다.

2022년 8월

박현

1

긴 전쟁의
서막

미중 패권 경쟁의 승패는 기술이 가른다.
이 전장을 앞둔 미중 양국의 대전략은
'기술 우위 사수'와 '기술 추격 속도전'에
맞춰져 있다. 이를 위해 미국은 산업의 부흥과
함께 동맹을 이용한 대중국 수출통제 및
글로벌 공급망 배제에 나서고 있다.
반면 중국은 4차 산업혁명의 격변기를 맞아
미래 기술을 선점함으로써
역대 어떤 나라도 이루지 못한 '미국 추월'을
노리고 있다.

미중 패권 경쟁,
냉전보다 길고 거친

2013년 6월 6일 미국 캘리포니아주 랜초미라지의 휴양시설 서니랜즈. 버락 오바마 당시 미국 대통령이 막 임기를 시작한 시진핑 중국 국가주석과의 첫 만남을 위해 고른 장소다. '세기의 회담'을 취재하기 위해 하루 전 현지에 도착할 때까지만 해도 왜 하필 이런 곳에서 만남을 갖는지 몰라 어리둥절했다. 모하비 사막에 자리 잡은 랜초미라지는 낮 기온이 40℃를 훌쩍 넘는 폭염으로 유명했기 때문이다. 하룻밤이 지나서야 이곳이 선택된 까닭을 어렴풋이 짐작할 수 있었다. 사막의 열기가 몸과 마음의 긴장마저 풀어내는 걸 느끼면서다. 두 나라 정상 사이에 흐르던 냉기도 적잖이 누그러들었을 것이다. 두 정상은 이곳에서 밤에는 시 주석이 가져온 마오타이주를 함께 마시고, 아침엔 넥타이를 푼 와이셔츠 차림으로 산책하며 이틀간 진솔한 대화를 나눴다.[1]

오바마와 시진핑의 동상이몽

이 회담 전까지 미중 간에는 불신이 차츰 쌓여가고 있었다. 오바마 행정부는 집권 첫해인 2009년만 해도 중국과 긴밀한 협력 관계를 모색한다는 입장이었다. 그러나 이듬해부터 중국이 남중국해 영유권 분쟁을 비롯한 주요 이슈에서 목소리를 높이기 시작하면서 긴장이 높아졌다. 2011년 오바마 행정부는 '아시아 재균형 정책'을 선언하고 아시아 지역의 군사력 증강에 나섰다. 그리고 중국은 그것이 미국의 대중국 포위 전략이라는 의구심을 품었다. 두 정상의 만남은 이런 상황에서 이뤄진 것이다.

공표된 회담 결과는 그리 나쁘지 않았다. 두 정상은 새로운 미중 관계를 함께 모색한다는 데 합의했다. 오바마 대통령은 공동기자회견에서 "중국이 계속해서 평화적으로 부상하는 것이 미국에 이익이 된다는 점을 시 주석에게 강조했다"라며 "시

주석과 나는 미중 관계를 새로운 수준으로 이끌 기회를 마련했다는 데 고무적이다. 이 기회를 놓치지 않을 것"이라고 밝혔다. 시 주석도 "오바마 대통령과 나는 중국과 미국이 과거 강대국 간의 불가피한 대결 및 갈등과는 다른 새로운 길을 발견해야 한다고 믿고 있다. 이는 두 나라가 '신형 대국관계'*를 함께 만들어 가야 한다는 점을 말하는 것"이라고 화답했다.[2]

그러나 당시에도 회담장 안팎에선 팽팽한 긴장이 가득했다. 무엇보다 미국의 첨단무기와 기업 기밀에 대한 중국의 사이버 공격, 즉 해킹 문제가 뜨거운 쟁점이었다. 오바마 대통령은 시 주석에게 해킹의 발원지가 중국이라는 점은 의심할 바 없다며 "미국 재산에 대한 이런 절도 행위가 계속된다면 경제 관계에서 매우 어려운 문제가 될 것"이라고 말했다. 이에 시 주석은 "중국도 사이버 공격의 희생자"라며 오바마의 주장을 부인했다.

결국 새로운 관계 설정이라는 두 정상의 약속은 오바마의 임기기 끝날 때까지 실현되지 못했다. 오히려 미중 관계는 악화일로였다. 서니랜즈의 언약에도 불구하고 백악관이나 미 국

---

* 명시적으로 규정되지는 않았지만 통상 미국과 중국이 대립(제로섬 게임)에서 벗어나 양국의 핵심적 이익을 존중하는 공존적 경쟁(윈윈 게임) 관계를 맺는 것을 가리킨다.

무부 관리들은 '신형 대국관계'라는 표현 자체를 꺼렸다. 중국의 부상을 인정하는 것도 어디까지나 미국이 주도하는 국제질서 아래에서 용인한다는 입장이었던 셈이다.

투키디데스의 함정

2017년 도널드 트럼프 대통령의 등장으로 미중 관계는 변곡점을 맞는다. 대선 후보 시절부터 미국인의 반중 정서를 자극하는 '중국 때리기'로 재미를 본 트럼프는, 취임 이후 중국을 '전략적 경쟁자'로 규정하고, 중국 기업과 상품에 대한 제재와 관세 공세를 시작했다.

시 주석도 맞대응했다. 그는 2017년 10월 중국공산당 제19차 전국대표대회(당대회)에서 작심한 듯 말을 쏟아냈다. 3시간 24분에 걸친 이 기념비적 연설에서 그는 2050년까지 중국이 세계 무대의 중심에 서겠다는 야심을 드러낸다.[3] 덩샤오핑 시대 이래 중국의 방침이었던 도광양회韜光養晦(능력을 감추고 때를 기다림)를 끝내고 세계 패권국으로 자리매김하겠다는 선언이었다.

2020년 대통령선거에서 바이든이 트럼프의 재선을 저지하고 승리함으로써 미국의 대중국 정책이 유화적으로 바뀔 것이라는 예상도 있었다. 그러나 갈수록 바이든의 미국이 트럼프 때보다 더 독하다는 평가가 늘고 있다. 트럼프와 같은 자극적인 언사가 사라졌을 뿐, 한층 더 강하고 치밀한 제재가 가해지고 있기 때문이다. 미국은 관세와 기업 제재 등의 조처를 풀기는커녕 오히려 범위를 확대하고, 동맹국들과 연합해 핵심 기술의 글로벌 공급망에서 중국을 배제하는 전략을 착착 실행에 옮기고 있다.

시 주석의 대응도 심상치 않다. 2021년 2월, 취임 후 첫 미중 정상 간 통화에서 바이든은 "중국의 강압적이고 불공정한 경제적 행태와 홍콩 탄압, 신장에서 벌어지는 인권유린, 대만을 포함한 역내에서 중국이 갈수록 공세적인 태도를 보이는 것에 근본적 우려가 있다"라고 말했다. 그러자 시 주석은 "중국과 미국이 화합하면 서로에게 유리하고, 싸우면 모두가 다칠 수밖에 없다"라며 "협력이야말로 양국의 유일한 선택지이며, 중국과 미국이 맞서 싸운다면 양국은 물론 세계에도 재난이 될 것"이라고 맞받았다.[4] 8년 전 서니랜즈에서는 들을 수 없었던 경고의 메시지다.

그리고 한 달 뒤 미국 알래스카주 앵커리지에서 열린 양국 외교장관 회담에서 기어코 사고가 터졌다. 양국 외교 최고책임자들이 기자들 앞에서 공개 설전을 벌인 것이다. 미중 관계가 새로운 국면에 들어섰다는 방증이었다.

10년간의 관계 개선 시도를 무색케 하는 이런 상황은 미중 양국이 이른바 투키디데스의 함정Thucydides Trap에 빠져들었음을 보여준다. 이 말은 고대 그리스 역사가 투키디데스가《펠로폰네소스 전쟁사》에서 그 전쟁이 부상하는 신흥 세력(아테네)에 대한 패권국(스파르타)의 불안과 두려움 때문에 벌어졌다고 분석한 데서 유래한 말이다. 중국이 커진 국력에 맞게 새로운 관계 설정을 요구하고, 이에 불안과 초조함을 느낀 미국이 강경한 정책들을 꺼내 드는 현재 상황에도 딱 들어맞는 비유다. 하버드대 그레이엄 앨리슨Graham Allison 교수는《예정된 전쟁》(2018)에서 1500년 이후 신흥 강국이 패권국에 도전하는 사례가 16번 있었고, 이 가운데 전쟁으로 이어진 케이스는 12번이라고 말한다.[5]

그렇다면 양국 관계는 앞으로 어떻게 전개될까? 20세기 미국-소련 간에 벌어진 냉전이 흔히 거론되지만 그때와는 분명 다를 것이다. 미중 간 경쟁과 대립이 전 세계적으로, 군사·외교·경제·이데올로기 전 분야에 걸쳐 벌어지는 현상은 미소 냉전과 유사한 면이 있다. 그러나 중국의 거대한 경제 규모, 그리고 세계 경제와의 통합 정도는 그와는 다른 양상을 예고한다.

예측불허의
'미중상박'

지난 1세기 동안 어느 나라도 경제 규모에서 미국의 60%를 넘어선 적이 없었다. 2차 세계대전 당시 맞수였던 일본과 독일은 두 나라의 경제력을 더해도 그에 미치지 못했고, 냉전 당시 소련도 그 한계를 넘지 못했다. 그러나 중국은 2014년 일찌감치 60%를 넘어섰고, 2020년에는 70%까지 넘었다. 이런 추세라면 2030년대 중반께 양국의 경제 규모가 엇비슷해질 전망이다. 물가 차이를 고려한 구매력평가PPP 기준으로는 중국이 2017년에 이미 미국을 추월했다.

또한 냉전 시기 소련은 세계무역기구WTO 이전의 국제경제 체제인 관세무역일반협정GATT에 가입하지 않은 채 자본주의 진영과는 별개의 경제 생태계를 구성했다. 반면 중국은 WTO 회원국으로서 이미 세계 최대 무역국이자 수출국이다. 미국과 서방 세력이 냉전 당시 소련에 시도한 봉쇄 전략이 구조적으로 먹혀들 수 없다는 얘기다.

결국 미중 패권 경쟁의 승패는 양국 체제의 경쟁력과 지속가능성에 달려 있다. 외교·군사적 갈등도 빚어지겠지만 첨단 기술을 둘러싼 경쟁이 그 중심에 자리할 것이다. 역사가 보여주듯 주요 산업의 기반 기술을 장악한 국가가 결국 경제패권은 물론 군사패권, 나아가 글로벌 헤게모니까지 거머쥐기 때문이다. 특히 4차 산업혁명을 대표하는 5G, 인공지능, 빅데이터, 로봇, 슈퍼컴퓨터 등은 모두 민간-군사 겸용이라는 특징을 갖는다. 중국은 이미 5G, 드론 등 상당수 기술에서 앞서 나가며 미국을 초조하게 만들고 있다.

한편 중국은 미국 달러화의 패권이 유지되는 한 자국의 세력 팽창에 한계가 있다고 본다. 이에 따라 일대일로一帶一路* 참여국을 중심으로 디지털 통화를 매개로 위안화 결제망을 확대함으로써 달러화 패권 체제에도 균열을 가하는 시도를 할 것으로 보인다.

두 강대국의 경쟁은 지난 세기 40여 년에 걸쳐 전개된 냉전보다도 긴 장기전이 될 가능성이 높다. 단판 승부가 아닌, 다전제 시리즈 매치라는 이야기다. 그리고 미중 모두와 밀접한 관계를 맺고 있는 한국은 수십 년간 이어질 두 강대국의 충돌과 그 여파에 직면할 것이다.

---

* 　중국을 기점으로 아시아-아프리카-유럽을 잇는 경제권 구상. 2014년 아시아·태평양 경제협력체APEC 정상회의에서 공식 제안되었다.

기술통제와 동맹규합
vs. 십년마일검

2021년 6월 미국 상원은 역사상 가장 광범위한 대중국 법안인 '혁신경쟁법안'을 68 대 32로 통과시켰다. 민주·공화 양당이 극심한 갈등을 벌이는 미국 의회에서는 보기 드문 압도적 가결이었다. 워싱턴에 중국 견제의 공감대가 정파를 초월해 존재한다는 걸 보여주는 장면이다. 이 법안은 바이든 행정부가 추진해온 첨단산업 경쟁력 강화와 중국 제재 등 각종 방안을 모두 포괄하고 있다.

중국의 의회 격인 전국인민대표대회 외사위원회는 하루 뒤 발표한 성명에서 "이 법안은 냉전적 사고와 이데올로기적 편견에 사로잡혀 중국의 발전 방식과 대내외 정책을 음해했다"

라며 반발했다. 외사위는 미국이 중국의 위협을 부각시켜 세계 패권을 유지하고, 경제·기술 디커플링decoupling(분리, 탈동조화)을 통해 중국의 정당한 발전 권리를 박탈하려 한다고 비판했다.

추격에서 추월로

그러나 시장경제 국가인 미국이 정부 주도의 산업정책 입안에 대대적으로 나서게 된 데는 중국이 빌미를 준 측면도 적지 않다. 시발점은 2015년 5월에 발표된 '중국제조 2025' 정책이다. 중국이 향후 30년간 3단계에 걸쳐 산업구조를 고도화함으로써 건국 100년을 맞는 2049년에 산업 최강국으로 우뚝 선다는 대전략이다. 반도체·로봇·전기차·바이오·항공우주 등 10대 전략산업을 선정하고, 2025년까지 달성할 시장점유율 목표치까지 제시했다.[6] 반도체의 경우 2015년 13% 수준인 자급률을 70%까지 끌어올린다는 야심 찬 계획이다.

한국이 산업고도화 정책을 펴온 것처럼 어느 나라나 이런 청사진을 세울 수 있다. 문제는 그 나라가 중국이라는 점이다. '중국제조 2025'는 급부상하는 중국에 대한 미국의 불안을 증폭시켰다. 중국 산업 전문가인 UC샌디에이고 대학의 배리 노튼Barry Naughton은 《중국 산업정책의 부상: 1978~2020The Rise of China's Industrial Policy, 1978~2020》(2021)에서 "중국의 이전 산업정책이 선진국의 모방을 통한 추격 전략이었다면 2015년부터는 4차 산업혁명의 정상 자리를 차지함으로써 선진국을 추월하려 한다는 점에서 큰 차이점이 있다"라고 분석했다.[7]

2017년 미중 무역분쟁 초기, 한국 산업통상자원부 고위관계자는 인터뷰에서 "중국이 반도체 등 첨단산업의 핵심 기술력에서 미국의 80% 선을 넘어선 것으로 추정된다. 지금 견제하지 않으면 더 어려워질 수 있다고 본 것 같다"라고 말했다. 중국 포비아(공포증)를 이용하려는 도널드 트럼프의 선동정치도 한몫했지만 저변에는 실제적 위기감이 깔려 있었다는 얘기다.

문제는 트럼프의 충동적·일방주의적 관세 부과와 첨단기술 수출제한 등 강경책이 중국을 더 자극했고, 바이든 행정부 들어서도 변한 게 없다는 점이다. 2021년 3월, 중국 최대 정치행사인 양회(전국인민대표대회·중국인민정치협상회의)에서 나온 리커창 국무원 총리의 발언은 중국이 느끼는 절박감을 단적으로 보여준다. "십년마일검十年磨一劍 정신으로 핵심 기술 연구에서 돌파구를 마련해야 한다." '십년마일검'이란 당나라 시인 가도의 〈검객〉이란 작품에 등장하는 '십 년 동안 칼 한 자루를 갈아'

불의를 무찌르겠다는 구절에서 나온 말로, 오늘날에는 어떤 목적을 위해 때를 기다리며 철저히 준비한다는 뜻으로 쓰인다고 한다.[8]

한편 그해 양회에서 '14차 5개년 규획(2021~2025)'[*]이 발표되었다. 무엇보다 미국의 기술이전 통제에 맞서 첨단기술의 자립을 위한 속도전을 강조한 점이 눈에 띈다. 중국은 2035년까지 7대 첨단 과학기술 분야에서 '자립자강'의 돌파구를 마련하겠다고 밝혔다. 7대 분야는 인공지능, 양자컴퓨팅, 반도체, 뇌과학, 유전자·바이오, 우주심해탐사, 임상의학·헬스케어를 말한다. 리 총리가 말한 십년마일검도 이를 두고 한 말이다. 이원석 한국무역협회 국제통상연구원 연구위원은 보고서에서 "대규모 투자와 연구를 통해 미국에 대한 기술 의존도를 낮추고 기술 자립을 실현하고자 하는 중국 정부의 절박함과 자신감이 함께 반영된 것으로 해석된다"라고 밝혔다.[9]

약화와 구축

미국의 대응은 치밀하고도 포괄적이다. 바이든 행정부의 전략

---

[*]   1953년 이후 중국 정부가 5년 단위로 발표하는 국가경제 운영 계획.

은 크게 미국의 과학기술 역량 강화와 산업 부흥을 통한 중국과의 격차 유지, 대중국 제재 확대, 핵심기술·공급망별 동맹 규합 등으로 요약할 수 있다.

이런 전략은 백악관 국가안보회의NSC의 러쉬 도시Rush Doshi 중국 담당 국장의 《길고 긴 게임The Long Game》(2021)[*]에 자세히 설명되어 있다. '미국의 질서를 대체하려는 중국의 대전략'이라는 부제가 달린 이 책에서는 중국의 추격을 따돌리기 위한 전략으로 '약화시키기Blunting'와 '구축하기Building'를 제안한다. 기술·금융·공급망·정보·이데올로기·동맹 등 다양한 영역에서 중국의 부상하는 질서를 약화시키고, 미국의 패권 기반을 재구축한다는 것이다.

흥미로운 점은 중국의 '약화'를 위해 '비대칭적 경쟁' 전략을 권고한 대목이다. 러쉬 도시는 "미국이 자원 동원력에서는 중국과 일대일로 맞붙을 수 없기 때문에 중국보다 적은 비용으로 효과적 경쟁을 벌여야 한다"라며 "중국이 1990년대와 2000년대 초반 미국을 상대로 펼친 비대칭 전략을 이제 미국이 부분적으로 차용해야 한다"라는 입장을 밝혔다.[10] 그는 중국이 100개

---

[*]　한국어판은 원제를 그대로 살린 《롱 게임》(박민희·황준범 역)이라는 표제로 2022년에 출간되었다.

이상의 과학기술 계획을 추진하고 1조 달러(약 1100조 원) 이상의 재원을 산업정책에 투입하고 있다고 지적했다. 이는 미국의 관련 투자 규모를 훌쩍 넘어서는 것이다. 아울러 그는 미국 패권의 '재구축'을 위해 달러 패권 유지, 공급망 강화, 기초과학 투자와 산업정책 확대, 동맹국과의 연구개발 생태계 구축 등을 제시했다.

바이든 행정부의 '혁신경쟁법안'은 2022년 7월 하원을 통과하며 입법화 작업을 마쳤다. 상하원 협의과정에서 '반도체와 과학법'으로 이름을 바꾼 이 법안은 첨단기술 산업에 2800억 달러(약 365조 원) 규모의 연방 예산을 투입한다는 내용을 담고 있다. 이 가운데 에너지·바이오·우주항공 등을 포함한 기초과학 연구개발과 인력 양성, 인프라 확충에 2000억 달러를 투입한다. 또한 국립과학재단 산하에 기술혁신국을 신설해 반도체·인공지능 등 10대 핵심기술 연구개발에 집중 투자한다는 계획이다.

세부 법안인 반도체지원법에서는 미국에 반도체 제조시설을 짓는 기업에 총 527억 달러(약 69조 원)의 예산 지원을 예고했다. 미국 반도체 산업 재건과 글로벌 공급망 안정을 명분으로 한 이 법안에 따라 향후 5년간 미국에 반도체 공장을 짓는 기업은 막대한 보조금을 받게 된다. 물론 단서 조항이 있다. 미국의 보조금을 받는 기업은 10년간 중국 영토에서 반도체 시설을 신·증설해서는 안 된다는 것이다. 당근과 채찍이 모두 담겨있는 셈이다. 또한 이 법안에는 중국에 대한 투자 제한 기준까지 명시돼 있는데, 가령 시스템 반도체의 경우 28나노미터 이하 반도체 시설을 지을 수 없다. 한국의 주력 제품인 메모리 반도체는 사양을 명시하지 않은 채, 시스템 반도체에 상응하는 수준으로 상무부와 국방부 등 관련 부처 장관이 협의해 결정하도록 돼 있다. 협상의 여지를 열어둔 것으로 보인다.

2020년 현재 삼성전자와 대만 티에스엠시TSMC의 주력 품목은 5나노미터 또는 7나노미터이고, 미국의 인텔은 10나노미터 수준의 반도체를 생산한다. 통상 14나노미터 이하부터 첨단 반도체로 구분하는 만큼, 28나노미터라면 상당히 구세대 제품이다. 인텔·마이크론 같은 미국 업체는 물론 삼성전자·SK 하이닉스, 그리고 TSMC 모두 중국에 반도체 공장을 갖고 있음을 감안하면, 한마디로 미국 정부 보조금을 받고 싶다면 중국에서는 첨단 반도체 공장을 운영하지 말라는 얘기나 마찬가지다.

중진국 함정과
다섯 번째 위기

과연 어느 나라가 승자가 될까. 결국 자국의 약점을 최소화하면서 강점을 최대화하는 쪽이 패권을 거머쥘 것이다. 중국은 광범위한 자원 동원력, 중앙정부의 통제력과 일사불란한 추진력, 막강한 제조 역량과 글로벌 공급망, 풍부한 저임금 노동력 등이 강점이다. 국가자본주의 체제 특유의 관료주의와 경직성을 약점으로 지적받으면서도, 외국과의 교류 확대와 상대적으로 자유로운 기업 활동 보장을 통해 혁신 역량을 키움으로써 지난 40여 년간 큰 성공을 거뒀다. 그러나 이런 기록적 성장의 이면에서는 고령화, 과다 부채, 성장 둔화, 임금 상승 등의 문제가 누적되고 있다. 따라서 선진국 진입 과정에서 거칠 수밖에 없는 이른바 '중진국 함정'*을 어떻게 돌파하느냐가 관건이 될 것이다. 더욱이 중국은 민간기업 통제를 점차 강화하고 있는데, 이런 움직임은 기업의 혁신 역량을 갉아먹는 원인이 될 수 있다.

---

* 압축적 성장을 거둔 신흥 국가가 비용 상승과 경쟁력 약화 등에 발목 잡혀 선진국 대열에 합류하지 못한 채 그 문턱에서 장기간 머무는 현상, 더 나쁘게는 저소득국가로 후퇴하는 현상을 가리킨다.

배리 노튼 교수는 중국의 산업정책의 미래를 전망하는 것은 쉽지 않다면서도 기술적·경제적·국제적 리스크가 내재되어 있다고 지적했다. 그 리스크란 각각 변화무쌍한 첨단기술의 속성상 중국이 투자한 기술이 해당 분야를 선도하는 표준으로 자리 잡지 못할 가능성, 정부의 보조급 지급에 따른 도덕적 해이, 그리고 미국이 주도하는 강도 높은 제재를 버틸 수 있는 맷집에 대한 우려와 의구심이다.[11]

한편 미국은 불평등 심화, 정치 양극화, 제조업 공동화 등에 시달리고 있지만, 여전히 상대적으로 젊은 인구 구조와 이민자 유입, 기축통화 보유, 개방성과 혁신 역량, 강력한 동맹, 소프트 파워 등의 강점을 보유하고 있다. 앞서 살펴보았듯 지난 100년간 미국은 1930년대 대공황(경쟁국 일본·독일), 1950년대 스푸트니크 충격(경쟁국 소련), 1960~1970년대 사회·경제 불안(경쟁국 소련), 1980년대 산업 경쟁력 약화와 쌍둥이 적자(경쟁국 일본) 등 네 차례의 커다란 도전과 마주했다. 그때마다 쇠퇴론이 일었지만 미국은 혁신적 정책과 사회개혁, 정보기술 혁명 등을 무기로 패권을 지켜낸 '경험'을 갖고 있다.[12]

중국을 상대로 한 다섯 번째 위기는 어떨까? 2008년 글로벌 금융위기와 도널드 트럼프의 집권, 코로나19 방역 실패 등을 거치며 또 다시 불어닥친 쇠퇴론에 맞서 바이든 행정부는 '미국 재건'과 '중국 견제'의 기치를 내걸었다. 얄궂은 것은 이를 위한 수단으로 중국을 모방한 산업정책과 보호주의 기조를 채택하고 있다는 점이다. 이는 자율과 개방이라는 미국의 전통적 강점과는 동떨어진 선택이라는 점에서 평가와 예측이 갈리고 있다. 무엇보다 이 전략은 중국과 경제적으로 실핏줄처럼 엮인 동맹국들을 대중국 견제 연합에 끌어들일 수 있을지가 관건이 될 것이다.

중진국 함정에 관한
세 가지 시나리오

중국 러우지웨이樓繼偉 재정부장(장관)은 2015년 4월 중국이 중진국 함정에 빠질 가능성이 높다고 경고했다. 당시 칭화대에서 열린 포럼에서 그는 "중국은 앞으로 5~10년 내 중진국 함정에 빠질 가능성이 50% 이상이며, 매우 빠른 속도로 고령화사회로 진입한 것이 주요 원인"이라고 말했다.[13] 중국 고위 관리가 공개적으로 중국 경제의 정체 가능성을 언급한 것은 이례적 사건이었다. 그는 중진국 함정을 피하려면 교육과 인적자본 투입을 늘리고, 노동시장·호구제도 개혁에 나서야 한다고 강조했다. 이듬해 3월 전국인민대표대회(전인대)에서는 리커창 총리가 나섰다. 그는 "앞으로 5년 동안 중진국 함정을 피하기 위해 특별한 주의를 기울여야 한다"라고 말했다.

국가는 강대국
국민은 중진국

중진국 함정middle income trap은 압축 성장을 통해 중진국 대열에 합류한 이후 성장 동력이 떨어지면서 고소득국가, 즉 선진국으로 진입하지 못하는 현상을 말한다. 실제로 한국·대만·싱가포르 등 일부 동아시아 국가를 제외한 다수의 개발도상국들은 중진국에 접어든 이후 오랫동안 성장 정체를 겪었다. 브라질·아르헨티나 등 중남미 여러 국가가 대표적이다.

뉴욕 연방준비은행(뉴욕연은)의 2020년 자료를 보면, 1978년에 중진국으로 분류된 52개 나라* 가운데 고소득국가 진입에 성공한 케이스는 8개국뿐이었다. 대부분은 그대로 중진국에 머물렀고, 8개 나라는 저소득국가로 추락했다.[14] 이는 중진국 함정이 수사나 비유 차원이 아니라 국가 발전 단계의 하나로, 극복하기 쉽지 않은 현상임을 보여준다.

---

* 뉴욕연은은 1인당 국민소득을 기준으로 미국 대비 10~50%에 해당하는 국가를 중진국으로, 50%를 넘어서면 고소득국가로 분류했다.

중국은 경제 규모로는 미국 바로 다음이지만, 1인당 국민소득으로 보면 여전히 중진국이다. 한국이 1994년에 도달한 1만 달러선을 넘은 게 2019년의 일이며, 같은 시기 미국과 비교하면 30% 수준에 머물러 있다. 뉴욕연은은 보고서에서 "중진국 함정에 빠진다는 것은 국가경제가 자본과 노동력이라는 요소 투입 주도 성장에서 기술과 교육에 기반한 성장으로 전환하는 데 실패했다는 걸 뜻한다"라고 설명한다.[15] 결국 인적자본 축적과 기술혁신을 통한 생산성 향상이 핵심이라는 얘기다.

중국 고위 관리들이 2015년께부터 중진국 함정을 경고한 것도 바로 이 부분이 취약하다는 걸 자각했기 때문이다. 한국은행 조사국이 2021년 12월 발표한 보고서에 따르면, 중국의 총요소생산성Total Factor Productivity, TFP[*]은 2008년 세계 금융위기 이후 급격히 둔화했다. 한은은 "총요소생산성은 중국 경제 성장에 상당 부분 기여해왔으나 금융위기 이후 증가세가 눈에 띄게 약화되면서 성장률 둔화의 주요 원인으로 지목된다"라고 밝혔다. 중국의 경제성장률은 2000~2009년 연평균 10.3%에서 2010~2019년 7.7%로 떨어졌는데, 대부분 총요소

---

[*] 자본·노동·원자재·서비스 등 생산과정에 투입되는 전반적 요소를 모두 고려한 효율성을 나타내는 지표. 기술진보와 경영혁신 정도에 큰 영향을 받는다고 알려져 있다.

생산성 하락(-2.4%p)에서 기인했다는 것이다. 한은은 "총요소 생산성은 2000년대 들어 교역 증대, 외국인 투자 등 대외 개방에 힘입어 빠르게 증가했으나, 금융위기 이후 과잉설비와 기업 구조조정 지연으로 증가세가 크게 둔화했다"라고 분석했다.[16] ·

중국 정부도 위기를 감지한 것으로 보인다. 2015년 '중국제조 2025' 전략도 경제적 측면에서만 보자면 중진국 함정에서 벗어나려는 기획이라 할 수 있다. 중진국 함정에 갇힌 채로는 미국과의 패권 경쟁에서 승리할 수 없다는 절박함이 작용했을 것이다.

추월과 추락
또는 정체

그렇다면, 중국은 중진국 함정에서 벗어날 수 있을까. 세 가지 시각이 존재한다.

먼저 낙관적 시나리오를 보자. 중국이 지금까지의 발전 추세를 지속한다면 2030년대 중반에 고소득국가 진입이 가능하다. 이는 시진핑 주석이 2020년 10월 19기 중앙위원회 5차 전체회의에서 밝힌 목표와도 일치한다. 시 주석은 당시 "2035년까지 (경제 규모) 총량 또는 1인당 국내총생산GDP이 두배로 커지는 성장"을 목표로 제시했다. 이를 기반으로 신중국 수립 100년이 되는 2049년까지 세계 최강국으로 도약해 '중화민족의 위대한 부흥'이라는 '중국몽'을 실현하겠다는 것이다.

비관적 시나리오는 빠른 고령화와 인구 감소, 과다 부채, 낮은 교육수준과 생산성 둔화 등 누적되어온 구조적 문제를 해결하지 못한 채 정부의 과도한 기업 규제와 미중 갈등이라는 변수까지 더해지면서 성장률이 급락하리라는 전망이다.

중국은 1979년부터 강제한 '한 자녀 정책'으로 출산율이 급락하면서 생산연령인구(15~64세)는 2013년에 정점(10억1000만 명)을 찍었고, 2033년에는 초고령사회(65세 이상이 인구의 20% 이상)로 진입하게 된다. 이는 한국과 일본이 부자 나라가 된 뒤에 고령화사회에 진입한 것과 달리, 중진국을 벗어나기 전에 '늙은 국가'가 된다는 의미다. 그만큼 성장 동력도 빠르게 소진될 것이다. 국민소득 1만 달러 진입 시기의 고등교육 수준도 한국과 일본에 못 미친다. 또한 민간부문(가계와 비금융기업) 부채 비율은 2008년 국내총생산 대비 112%에서 2021년 상반기에는 두 배(218%)로 뛰었다.[17] 부채위기 가능성도 배제할 수 없는 수치다. 일본의 부동산 버블 붕괴와 비슷한 이런 시나리오가 현실화할 경우 중국의 조기 고소득국가 진입은 사실상 물 건너가게 된다.

중립적 시나리오는 중국이 중진국 함정에서 벗어나는 데는 성공하지만 그 시기가 당초 목표보다 지연되는 그림이다. 중국이 중진국 함정을 벗어날 수 있다고 보는 근거는 중남미 국가와 달리 제조업 경쟁력이 강하고, 첨단기술에 대규모 연구개발 투자를 단행하고 있다는 점이다. 걸림돌은 미국의 기술통제 강화와 중국 정부의 기업 규제 강화가 맞물리며 혁신 역량이 떨어지고 있다는 점이다.

한국은행은 한 보고서에서 "디레버리징(부채 구조조정) 기조, 생산성 둔화 지속, 기업 규제 및 혁신 역량 제약, 미중 갈등 지속 등 구조적 요인을 종합적으로 보면 향후 중국 경제는 낙관적 경로보다는 중립적 경로에 근접할 것"이라며 "제조업의 글로벌 경쟁력, 신인프라 확대 등 첨단기술에 대한 대규모 투자, 내수시장의 잠재력 등이 성장 추세의 급격한 하락을 방지하는 데 기여할 것"이라고 예상했다. 한은은 2035년까지 중국이 연평균 3% 후반대의 성장을 지속해 1인당 국내총생산이 1.74배 커질 것으로 추정했다.[18] 이는 시 주석이 제시한 2배 수준에는 못 미칠 것이라는 예측이다.

따라잡지만

넘지는 못하는

몇 해 전까지만 해도 전문가들은 대체로 낙관적 시나리오의 손을 들어주었다. 그러나 미중 패권 경쟁의 심화와 정부의 민간기업 개입 강화, 코로나19에 따른 봉쇄정책 등의 악재가 잇따라 터지면서 중립적 시나리오에 무게가 더해지고 있다. '경제추격론'의 권위자인 이근 서울대 석좌교수(경제학)는 "미국의 대중국 견제가 없었다면 2030년대 초반에 중진국 함정에서 벗어날 것으로 예상했는데, 이 변수가 중요한 영향을 미칠 것으로 본다. 중진국 함정을 벗어나기 위해서는 산업의 업그레이드가 핵심이며 이를 위해선 기술 접근성이 중요하다. 기술 접근에 차질이 생기면 중진국 함정에서 벗어나는 시기도 늦춰질 수 있다"라고 말했다. 이 교수는 "그러나 중국이 기술 투자를 많이 하고, 미국 특허 출원 수도 2021년 미국과 일본에 이어 세계 3위다. 그런 점에서 중남미 국가와 다르다"라는 단서를 덧붙였다.

중국이 경제 규모에서 미국을 추월하는 시기에 대해서도 비슷한 전망이 힘을 얻고 있다. 2022년 2월 《블룸버그》는 "중국이 기존 추세대로 성장을 이어간다면 10년 내 미국을 추월할 것이지만 그런 결과가 보장된 것은 결코 아니다"라고 내다봤다. 나아가 "부채위기가 발생한다면 일본처럼 미국을 영영 따라잡지 못하게 되며, 부채위기가 일어나지 않더라도 국제적 고립과 인구 감소, 정부 실패가 결합되면 그와 비슷한 효과가 나타날 수 있다"라고 덧붙였다.[19]

이근 교수는 가장 현실성 높은 시나리오로 중국이 미국과 비슷한 경제 규모를 갖더라도 미국을 따돌리지는 못할 가능성을 제시했다. 이 교수는 "2030년대 중반에 미중의 경제 규모가 대등해져 본격적인 G2 시대가 열릴 것으로 예상한다"라며 "다만 어느 한쪽도 압도하지 못하고 거의 비슷한 규모로 30~40년 이어지는 시기가 올 것"이라고 전망했다. 미중의 경제패권 경쟁이 반세기 이상 지속될 수 있다는 얘기다. 이런 길고 긴 패권 경쟁이 우리에게 주는 함의는 또렷하다. 어느 한쪽의 승리를 예단하고 섣불리 편승하는 태도는 현명한 전략이 아니라는 것이다.

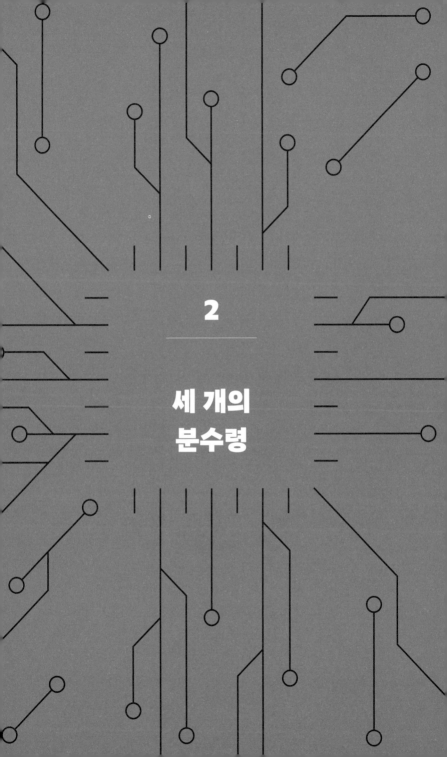

2

_____

세 개의
분수령

첨단기술의 핵인 반도체·인공지능·5G(통신기술)를
선점하는 나라가 미래 산업을 지배한다.
경제패권을 넘어 군사패권과도 직결되는
이 세 분야는 하나하나가 '절대반지'와 다름없다.
그만큼 치열한 전장으로,
반도체에선 미국이, 5G는 중국이 앞서 있으며,
인공지능은 백중세다. 결국 이 '세 고지전'의
결과가 테크놀로지 엔드게임의 분수령이 될 것이다.

반도체 전쟁

"좋은 동맹은 이런 종류의 장비를 중국에 팔지 않습니다." 도널드 트럼프 행정부 시절인 2019년, 백악관 국가안보 부보좌관 찰스 커퍼먼Charles Kupperman은 네덜란드 외교관들을 백악관에 초대해 이렇게 말했다. 세계 최대 반도체 장비 제조사인 네덜란드 에이에스엠엘ASML이 생산하는 극자외선EUV 노광 장비를 두고 한 말이었다. 빛을 이용해 실리콘 웨이퍼(반도체 기판)에 7나노미터($1nm$는 10억 분의 $1m$)보다 미세한 회로를 새겨 넣는 노광장비는 첨단 반도체 칩을 생산하는 미세 공정의 핵심이다. 삼성전자와 대만 TSMC도 이 장비 없이는 첨단 반도체를 생산할 수 없다. 《월스트리트 저널》은 커퍼먼이 미국산 부품

없이는 노광장비도 작동하지 않는다며 백악관이 그 부품들의 수출제한 권한을 갖고 있음을 강조했다고 전했다.[1] 대중국 수출금지 조처에 동참하라고 사실상 협박을 한 것이다. 이런 압박은 바이든의 집권 이후에도 마찬가지였다. 결국 2022년 현재까지도 이 장비는 중국에 단 한 대도 팔리지 않고 있다.

극자외선 노광장비의 수출제한 에피소드는 미중 기술패권 경쟁의 현재와 미래를 보여주는 상징적 장면이다. 네덜란드 기업 ASML이 2017년부터 생산 중인 이 장비는 미국·독일·일본의 기술력이 더해진 첨단기기로 개발에만 대략 20년이 걸렸다. 전문가들은 중국이 이 장비를 5~10년 내에 자체 개발하는 것은 불가능하리라고 본다.

기술의 두뇌

반도체는 데이터를 저장(메모리 반도체)하고, 연산·논리 등 정보처리(시스템 반도체) 기능을 한다. 한마디로 '기술의 두뇌'다. 휴대전화·노트북·냉장고 등 소비재뿐만 아니라 에너지·운송·금융·항공·첨단무기 등의 필수 원자재로 인프라와 국가안보의 핵심이기도 하다. 반도체 산업에 미중 기술패권 경쟁의 명운이 걸린 셈이다.

바이든 대통령은 2021년 2월 취임하자마자 전 세계 반도체 공급망 보고서 작성을 명령하는 한편, 관련 기업 대표들을 불러 모아놓고 공급망 재구축을 역설했다. 삼성전자도 이 자리에 세 차례나 불려갔다. 2021년 6월에 공개된 보고서는 글로벌 공급망에서 중국을 배제하기 위해 대규모 연구개발 투자, 미국 내 제조기반 확충, 동맹국과 협력 강화, 중국 제재 강화 등을 대책으로 제시했다. 이를 통해 반도체 경쟁력을 강화하고 안정적인 생산능력을 확보해 중국의 추격을 따돌리겠다는 것이다.

반도체 산업에서 글로벌 공급망이 관건인 까닭은 무엇일까? 칩 하나를 설계해 완제품을 생산하기까지 국경을 수십 차례 넘어야 할 정도로 분업화가 매우 복잡하게 돼 있기 때문이다. 반도체는 설계-제조-후공정(조립·테스트·패키징) 단계를 거치는데, 미국은 설계 부문만 주도하고, 생산과 후공정은 대만·한국·중국 등 동아시아 국가에 의존한다. 인텔·퀄컴 등 세계적 반도체 설계회사를 보유하고 있는 미국은 설계 역량은 단연 앞서지만, 생산 비중은 12%에 불과하다. 전 세계 반도체 생산능력의 70% 이상은 동아시아에 집중돼 있다.[2] 2019년 기준으로 대만(20%)이 가장 앞서고, 이어 한국(19%), 일본(17%), 중국(16%) 순이다.

이런 분업화는 각국의 강점이 서로 다르고, 자본과 기술의 진입장벽이 높기 때문에 나타난 현상이다. 반도체 공정은 웨이퍼에 새겨지는 회로의 선폭을 가늘게 하는 방향으로 발전해왔는데, 공정이 미세해질수록 설계 및 생산 비용은 기하급수적으로 증가한다. 2022년 기준으로 첨단 양산 칩인 5나노미터급 생산 라인 건설에 120억 달러(약 14조 원), 그보다 차세대인 3나노미터급은 200억 달러(약 23조 원)가 소요된다. 이런 이유로 현재 5나노미터급 칩을 생산할 수 있는 기업은 대만 TSMC와 삼성전자뿐이다. 인텔도 10나노미터급만 생산하고 있다. 그래서 설계만 하는 팹리스fabless와 생산을 전문으로 하는 파운드리 foundry(위탁생산), 즉 '팹리스-파운드리 분업 모델'이 정착되어 있다. 미국은 팹리스, 동아시아는 파운드리의 강자다.

특히 대만과 한국이 중요하다. 세계 최대 파운드리 업체인 TSMC가 있는 대만은 세계 파운드리 시장의 63%를 차지한다. 한국은 전체 파운드리 시장점유율은 18%에 그치지만, 메모리 반도체로 좁히면 44%를 차지한다. 대만·한국 기업들이 협조하지 않으면 미국의 전략도 물거품이 될 수 있다는 얘기다. 아울러 반도체 장비도 미중 반도체 전쟁의 명운을 가르는 부분이다. 앞서 소개한 극자외선 노광장비 사례에서 보듯 자금과 인력, 공장을 갖고 있어도 장비가 없으면 생산이 불가능하기 때문이다. 반도체 장비 시장은 미국·일본·네덜란드가 독과점하고 있다.

중급 시장에서
돌파구 찾는 중국

미중 반도체 전쟁은 트럼프 행정부가 2018년 미국 반도체 기술이 10% 이상 들어간 소재·부품·장비·제품의 대중국 수출금지 조처를 내리면서 본격화했다. 중국이 2014년 '국가 반도체 산업 발전 촉진 강요', 2015년 '중국제조 2025' 전략을 통해 반도체 산업에 대대적 투자에 나선 데 대한 대응이다. 특히 중국 기업 가운데서도 통신장비와 스마트폰, 반도체 칩 설계에서 단기간에 강자로 떠오른 화웨이와 파운드리 업체인 에스엠아이시SMIC가 표적이 되었다.

트럼프 행정부의 제재는 표면적으로는 성공한 것처럼 보인다. 중국은 반도체 자급률을 2020년 40%, 2025년 70%까지 올린다는 목표를 세웠으나, 2020년 자급률은 15.7% 수준에 그쳤다. 반도체 굴기崛起(부흥)의 상징이던 칭화유니그룹은 2021년 7월 파산을 신청했다. 화웨이는 고성능 칩 조달을 하지 못해 스마트폰 사업부를 매각해야 했다. SMIC는 첨단 반도체 칩 생산에 필요한 장비를 구하지 못해 중급 칩까지만 생산이 가능하다.

그러나 중국은 시행착오를 겪으며 나름의 성과도 내고 있다. 중국은 2014년 조성한 1기 반도체 펀드(21조 원)를 제조·설계 역량 확대에 집중 투자했는데, 분야별 대표 기업들이 서서히 경쟁력을 갖춰가고 있다. 화웨이의 자회사인 하이실리콘은 설계 분야에서 세계 최고 수준에 이른 것으로 평가받는다. 파운드리 업체인 SMIC는 기술력만 놓고 보면 첨단 반도체의 관문인 14나노미터급 칩을 생산할 수 있는 수준이다. 이는 삼성전자·TSMC에 견줘 3세대 이상 뒤진 것으로, 5년 정도의 기술 격차가 있다고 평가받는다.

2021년 SMIC는 미국의 제재에도 불구하고 전년보다 39%나 증가한 54억4000만 달러의 매출을 올리며 2010년 이후 가장 높은 성장률을 나타냈다. 순이익도 17억 달러로 전년보다 138% 급증했다. 전 세계적으로 벌어진 차량용 반도체 부족 사태 등이 호재로 작용한 것으로 해석된다. 차량용은 14·28·45 나노 등의 중급 반도체 칩이 사용되는데, 미국은 이런 중급 칩의 대중국 수출은 허용하고 있다. 이것까지 막았다가는 미국 업체도 큰 피해를 보고, 중국 정부도 보복 조치를 취할 수 있기 때문이다.

또한 메모리 반도체 업체인 창장메모리YMTC는 첨단 제품인 128단 낸드플래시를 개발해 2021년부터 양산을 시작했다. YMTC는 그보다 앞선 176단 제품 양산에 들어간 삼성전자·SK하이닉스보다 한 세대 이상 뒤진다고 평가받았지만, 최근 초고난도 기술이 필요한 200단 이상의 낸드플래시 개발에 성공했다는 소식을 알리는 등 기술격차를 줄여가고 있다.

반도체 장비 분야로 눈을 돌리면, 중국은 45·65나노미터급 수준의 장비는 양산이 가능하다. 고성능 반도체 칩은 만들 수 없으나 차량용이나 저사양의 휴대전화 칩 등은 자체 생산이 가능하다는 얘기다. 중국은 2019년 조성한 반도체 2기 펀드(34조 원)로 취약 분야인 소재·장비 부문의 국산화에 주력하고 있다. 중국 언론은 상하이마이크로전자SMEE가 28나노미터급 노광장비를 2022년 말께 출시한다고 전하고 있으나 실현 여부는 지켜봐야 할 것이다.

기술력만큼 중요한 장비

중국의 반도체 굴기는 미국의 장비 수출제한 강도와, 최악의 경우에 대비한 중국의 장비 국산화 달성 여부에 달려 있다. 메모리 반도체 제조나 시스템 반도체 설계 능력을 갖추어도 생산에 필요한 장비 없이는 사상누각이기 때문이다.

트럼프 행정부 이후 미국은 10나노 이하의 최첨단 반도체 칩 생산에 필요한 극자외선 노광장비의 대중국 수출을 막아왔지만 14나노미터급 칩 생산에 투입되는 범용 장비의 수출은 허용해왔다. 이는 첨단 장비는 안보를 명분으로 수출제한이 가능하지만, 범용 장비의 수출까지 막는 것은 WTO 규정 위반이라는 점을 고려한 타협안이기도 했다. 그러나 반대당임에도 전임 정부의 '반도체 정책'만큼은 철저하게 계승한 바이든 행정부는 2022년 7월경 마침내 14나노미터 이하의 반도체 칩 생산에 필요한 심자외선DUV 노광장비의 수출까지 제한하면서 공세 수위를 최대로 높이게 된다.

《블룸버그》는 7월 30일 〈미국이 반도체 장비의 대중국 수출제한을 조용히 강화하고 있다〉라는 제목의 기사에서 "지금까지는 10나노 이하에 적용하던 제조장비의 수출제한을 14나노 이하로 확대했으며, 대상 기업에는 중국 SMIC뿐만 아니라 대만 TSMC 등 중국에 공장을 가진 다른 기업도 포함될 전망"이라고 보도했다. 이 매체는 미국 상무부가 반도체 장비 기업들에게 이렇게 요구했으며, 업계는 이에 따를 예정이라고 전했다.[3]

그동안 WTO 규정과 중국의 반발을 우려해 의회 일각의 반도체 장비 수출제한 확대 요구를 거부해왔던 바이든 행정부는, 결국 어떤 대가를 치르더라도 중국의 반도체 굴기를 저지하겠다는 의지를 드러낸 셈이다. 한편 2022년 7월 28일 열린 미중 정상회담에서 시진핑 주석은 바이든 대통령에게 "불장난하면 반드시 불에 타 죽는다"라는 과격한 어록을 남겼다. 물론 이는 대만 문제를 겨냥한 발언이지만, 미국의 반도체 장비 수출제한 강화와도 무관치 않을 것이다. 14나노미터급 칩 제조장비의 수출제한은 휴대전화·노트북 등 중국의 주요 제조업은 물론 인공지능 등 4차 산업혁명 산업 전반에 타격을 줄 것이기 때문이다.

중국 또한 이런 상황을 짐작한 것으로 보인다. 중국은 최근 몇 년 간 세계시장에서 반도체 장비를 쓸어 담다시피 하며 수입량을 확대하고 있다. 국제반도체장비재료협회SEMI 자료를 보면, 중국은 2020년 처음으로 세계 최대 반도체 장비 수입국으로 올랐으며, 2021년에도 최대 수입국이었다. 2020년과 2021년 수입액은 각각 187억 달러, 296억 달러였으며, 증가율은 각각 39%, 58%였다. 2021년 기준으로 한국(250억 달러)과 대만(249억 달러)이 그 뒤를 이었다.

세 가지 변수
동맹, 시장, 생산혁신

미중 반도체 전쟁의 승패를 가르는 핵심 변수는 세 가지다. 첫 번째는 동맹·우방국과의 협력 관계다. 미중 어느 나라도 글로벌 공급망 바깥에서는 반도체를 안정적으로 확보할 수 없다. 두 나라 모두 반도체 자립을 추구하고 있으나 단기간에 달성하는 것은 어렵다. 그래서 한국·대만·일본·네덜란드 등 글로벌 공급망의 길목에 있는 국가들에 끊임없이 러브콜을 보낼 수밖에 없다. 현재 반도체산업 생태계의 90%는 미국과 그 동맹·우방이라 할 한국·대만·일본·네덜란드가 장악하고 있다. 즉 동맹이라는 변수에서는 미국이 확실히 유리하다.

두 번째는 시장이다. 아무리 제품이 뛰어나도 시장을 잃으면 설 땅이 없다. 중국은 세계 반도체 생산물량의 60%를 소비한다. 여전히 휴대전화·노트북 등을 조립하는 '세계의 공장'이기 때문이다. 한국도 반도체 수출의 60%가 중국(홍콩 포함)으로 향한다. 미국 퀄컴은 매출 2/3가 중국에서 나온다. 미국이 그간 첨단 노광장비의 대중국 수출은 금지하면서도 14나노미터 이하 범용 칩 제조장비의 판로를 허용해왔던 이유다. 애플도 아이폰 생산의 90%를 중국에 의존한다. 가까운 시일 내에는 중국 시장과 단절할 수 없다는 뜻이며, 그 틈을 타 중국은 자체 기술력을 축적할 수 있다. 중국 경제가 별 탈 없이 성장을 지속한다면 시간은 중국 편이다.

세 번째는 생산성과 혁신 역량이다. 두 나라 모두 약점을 보이는 대목이기도 하다. 미국은 높은 인건비와 낮은 생산성으로 제조 경쟁력이 떨어진다. 지금처럼 정부 보조금을 줘가며 인텔 등 미국 기업의 생산시설 확충을 독려하고, 동맹국 기업의 공장을 유치하는 정책이 얼마나 지속 가능할지는 두고 봐야 알일이다. 2021년 바이든 행정부가 삼성을 비롯한 글로벌 반도체 회사들에 고객정보 등 영업기밀까지 요구하는 무리수를 둔것도 같은 맥락일 것이다. 반면 중국은 타개책을 내부에서 찾으려는 경향에서 문제가 발생할 수 있다. 자력갱생이라는 기치아래 불가피한 흐름이지만 그 때문에 혁신에 제동이 걸릴 수있다는 것이다.

수출 통제를 보는
상반된 시각

미중 반도체 전쟁은 이제 시작일 뿐이다. 그런데 이 전쟁을 분석하고 전망하는 데 실마리가 될 선례가 있다. 1970~1980년대 미일 반도체 전쟁이다. 미국 조지타운대의 안보·신흥기술센터CSET는 2021년 3월 〈중국의 반도체 제조장비 발전〉 보고서에서 현재 중국의 반도체 장비 산업의 수준은 1970년대 중반 일본과 비슷하다는 진단을 내놨다. 이 연구소는 "당시 일본은 성장하는 반도체 산업과 대규모 반도체 칩 소비시장을 갖고 있었지만 반도체 장비 업체는 미약하거나 거의 존재하지 않았다. 장비 분야에서 일본의 유일한 강점은 저가의 노동으로 가능한 조립·패키징 도구에만 존재했다. 현재 중국이 바로 그 수준이다"라고 평가했다.

그러나 보고서는 일본이 이후 15년에 걸쳐 놀라운 속도로 반도체 장비 산업을 발전시켰으며, 1987년쯤에는 반도체 장비 각 분야에서 미국과 거의 대등하거나 추월할 정도가 됐다고 밝혔다. 그러면서 당시 일본의 성공 요소로 정부 보조금, 미국 제품의 리버스-엔지니어링reverse engineering(구조분석을 통한 원리 이해)에서 얻은 지식, 미국 회사에서 훈련받은 인재 영입, 일본 국내 칩 제조사와의 협력을 꼽았는데, 중국도 이런 요소를 부분적으로 갖고 있다고 봐야 한다.[4] 이 보고서는 중국에 대한 반도체 장비와 원자재 수출 통제를 강력히 주장했으며, 보고서를 쓴 사이프 칸Saif Khan 연구위원은 그해 4월 백악관의 기술 담당 국장으로 합류했다.

반면 네덜란드 ASML의 페터르 베닝크Peter Wennink 대표 이사는 2021년 4월 《폴리티코》와의 인터뷰에서 이렇게 말했다. "수출 통제 조처로 중국과 단절하면 중국은 기술주권을 향한 노력을 가속화할 것이다. 15년 안에 중국은 스스로 모든 것을 할 수 있을 것이다. 그러면 (외국 납품기업들에게) 중국 시장은 사라져버릴 것이다."[5] 이 말은 중국과의 상호의존은 지속되어야 하며, 10년 이상의 긴 시계를 두고 전략을 세워야 한다는 점을 시사한다.

핵 냉전에서
인공지능 냉전으로

2016년 3월 구글의 인공지능 알파고와 이세돌의 바둑 대국
은 세기적 사건이었다. 그런데 이 대국의 결과는 알파고를 만
든 미국이나 한국보다 바둑의 탄생지라는 자부심을 가진 중국
에 더 큰 충격을 안겼다. 중국인 2억8000만 명이 서울에서 열
린 이 대국을 시청했다고 한다. 당시 중국 인공지능 스타트업
들에 투자하고 있었던 리카이푸李开复 전 구글 차이나 사장은
《AI 슈퍼파워》(2019)에서 "하룻밤 사이에 중국은 인공지능 열
풍에 휩싸였다"라고 회상했다.[6]

　그 말처럼 이듬해인 2017년 7월 중국 정부는 '차세대 인공
지능 발전계획'을 발표하고, 2030년까지 인공지능 선도국으

로 발돋움한다는 청사진을 제시했다. 10월에는 시진핑 국가주석이 나섰다. 그는 제19차 중국공산당 전국대표대회 연설에서 중국을 선진국으로 이끌 대표 기술로 인공지능을 꼽았다. 리카이푸는 "알파고가 중국의 '스푸트니크 충격'이라면, 중국 정부의 인공지능 계획은 미국인들에게 달 착륙을 약속했던 존 F. 케네디 대통령의 기념비적 연설 같은 것"이라고 말했다.[7]

산업과 국방의
게임체인저

그즈음 중국의 인공지능 열기를 체험해볼 기회가 있었다. 2018년 7월 베이징 방문길에 들른 바이트댄스라는 기업에서였다. 바이트댄스는 동영상 앱 '틱톡'을 만든 업체로, 틱톡의 성공 비결은 이용자의 선호도를 신속히 파악해 맞춤형 콘텐츠를 제공해주는 인공지능 알고리즘에 있었다. 회사 사옥에 들어서니 캐주얼한 차림의 젊은 직원들로 북적였다. 안내자는 창업 6년 만에 직원이 2만 명으로 늘었으며, 80% 이상이 20대라고 소개했다. 사무실 책상 위에는 복잡한 수학식을 끄적인 메모들이 여기저기 흩어져 있었다. 중국 젊은이들이 인공지능의 상업적 적용에 매진하고 있는 현장이었다.

2020년 트럼프 대통령이 틱톡 미국 현지법인의 매각을 명령했을 때, 양국은 이 회사의 인공지능 알고리즘 기술 이전을 놓고 팽팽히 맞서기도 했다. 언론사도 인공지능 연구에 열심이었다. 관영《신화통신》은 당시 인공지능을 이용한 뉴스 보도를 실험하고 있다고 소개했는데, 실제로 그해 말 세계 최초로 '인공지능 앵커'를 선보여 세상을 놀라게 했다.

통신장비 기업 화웨이 제재로 포문을 연 미중 기술패권 경쟁이 반도체를 거쳐 인공지능으로 확대되고 있다. 인공지능은 수많은 데이터에서 일정한 패턴을 학습하고, 이를 토대로 다음에 일어날 일을 예측하여 적합한 의사 결정을 내리는 머신러닝machine learning(기계학습) 기술의 비약적인 발전과 함께 급성장하고 있다.

인공지능 신기술은 다양하다. 컴퓨터 이미지 분석, 얼굴·음성·보행 같은 생체 인식기술, 자연어 처리, 대규모 데이터베이스 검색 기능 등이 대표적이다. 이 기술들은 제조·운송·의료·금융 등 거의 모든 산업 분야에 적용되어 생산성을 끌어올릴 것으로 평가받는다. 19세기 후반 전기 기술이 모든 산업 분야에 적용되면서 2차 산업혁명을 추동한 것과 비슷한 풍경이다.

군사적으로도 활용도가 매우 높아 인공지능이 미래 전쟁의 승패를 결정짓는 '게임체인저'가 될 것이라는 평가가 나온다.

인공지능은 방대한 정보를 실시간 수집해 표적의 식별과 판단, 공격까지의 과정을 훨씬 빠르고 정밀하게 진행한다. 아직은 임무 수행의 각 단계마다 인간이 개입하는 수준이지만, 머지않아 자율적으로 목표를 확인해 공격하는 완전 자율무기체계로 진화할 것으로 예상된다.

예컨대 킬러로봇이나 드론 떼가 서로 정보를 공유하며 공격과 방어를 동시에 수행할 수 있다. 이런 신속성과 정확성, 파괴력을 근거로 인공지능 무기의 등장을 화약과 핵무기 개발에 이은 제3차 무기혁명으로 부르기도 한다. 군수업체 레이시언Raytheon 출신의 마크 에스퍼Mark Esper 전 미국 국방장관은 2019년 인준청문회에서 이렇게 말했다. "인공지능은 전쟁의 성격을 바꿀 것이다. 인공지능 기술을 먼저 통달한 자가 아주 오랫동안 전장을 지배할 것이라고 믿는다." 미국은 로봇의 전장 투입 목표를 2025년으로 잡고 있다.

해마다 줄어드는 격차

인공지능 경쟁의 승패는 연산능력과 방대한 데이터에 달려 있다고 해도 과언이 아니다. 연산능력의 발전은 처리 속도를 높이고, 데이터는 많으면 많을수록 정확도를 높인다. 연산능력이 인공지능의 엔진이라면 데이터는 연료에 비유할 수 있다. 미중의 경쟁도 이 두 가지를 빨리 확보하고 상대에게 빼앗기지 않으려는 데 초점이 맞춰져 있다.

미국은 2019년 중국 최대 슈퍼컴퓨터 제조사인 중커수광中科曙光, 대표적인 음성·안면인식 업체인 아이플라이텍(중국명은 커다쉰페이科大訊飛), 센스타임(상탕커지商湯科技) 등을 수출제한 명단에 올린 데 이어, 바이든 행정부 출범 이후인 2021년 4월에도 슈퍼컴퓨터 기업 7곳을 제재 명단에 추가했다. 슈퍼컴퓨터는 대규모 데이터 처리에 필수다.

중국은 중국대로 강점인 데이터 통제에 나서고 있다. 2021년 9월부터 시행에 들어간 '데이터 보안법'은 플랫폼 기업을 통제하려는 목적과 함께 데이터를 둘러싼 미중 경쟁에 대응하겠다는 포석도 담긴 법안이다. 이후 중국 정부는 차량공유업체 디디추싱이 중국 내 교통 데이터를 외국에 넘겼다며 조사에 착수했는데, 이 법과 관련이 깊다.

인공지능 경쟁에서 어느 나라가 앞서고 있을까. 주요 경쟁력 지표에서 미국은 전반적으로 중국에 앞선다. 문제는 그 격차가 빠르게 좁혀지고 있다는 것이다. 워싱턴의 싱크탱크 정보기술혁신재단ITIF이 2021년 1월 내놓은 보고서 〈누가 인공지능 경쟁에서 이기고 있는가: 중국, 유럽연합, 미국〉에 따르면, 미국은 발전기반·인재·연구·하드웨어 등 4개 분야에서, 중국은 도입·데이터 분야에서 각각 우위를 보이고 있다.

더 자세히 살펴보면, 미국은 벤처캐피털과 사모펀드의 벤처투자 생태계를 잘 갖춰놓은 덕분에 인공지능 스타트업에서 강점을 보인다. 2019년 미국의 인공지능 스타트업이 이들 민간 벤처투자 생태계에서 끌어모은 자금은 중국보다 80억 달러가 많았다. 또한 미국의 소프트웨어와 컴퓨터서비스 업계의 연구개발 투자액은 중국과 유럽연합을 합한 액수의 세 배에 달했다. 그밖에 인공지능 연구의 질에서도 미국이 중국·유럽연합보다 낫다는 평가를 받으며, 인공지능 시스템의 기반인 반도체 칩 설계에서도 앞서나가고 있다.

중국의 경우, 인공지능 연구의 질이 해마다 향상되고 있다고 평가받는다. 세계 500위권의 슈퍼컴퓨터 가운데 중국은 미국의 두 배를 보유하고 있다. 데이터 분야를 살펴보면, 2019년 모바일 결제를 하는 가입자 수는 중국이 5억7700만 명으로 미국(6400만 명)의 9배에 달했다. 이를 점수로 환산(100점 만점)하면, 미국이 44.6점, 중국은 32점이었다. 유럽연합은 23.3점으로 한참 뒤떨어졌다. ITIF의 보고서는 "미국이 여전히 중국에 상당한 우위를 보이고 있으나 중국이 일부 중요한 분야에서 격

차를 축소하고 있다. 이런 추세가 지속되면 결국에는 미국의 우위가 사라질 수 있다"라고 진단했다.[8]

게임은 끝났다?

2021년 10월 미국 공군의 소프트웨어 최고책임자인 니컬러스 셰일런Nicolas M. Chaillan의 항의성 사임은 미중 기술 경쟁의 현주소를 상징적으로 보여준다. 관료주의에 찌든 탓에 미군의 기술 전환이 너무 더디다는 게 사임 이유였다. 그는 영국《파이낸셜 타임스》와의 인터뷰에서 중국의 인공지능, 사이버 역량 향상 등을 거론하면서 "우리는 15~20년 후에는 중국에 대항할 능력이 없을 것이다. 내 생각에는 이미 (게임이) 끝났다"라고 말했다.[9]

2019년 의회를 통과한 '국방수권법'에 따라 설립된 인공지능국가안보위원회NSCAI도 2021년 3월 백악관과 의회에 제출한 보고서에서 "앞으로 10년 내 중국이 인공지능 분야에서 미국을 추월할 수 있다. 중국의 기술 기업들은 자연어 처리, 안면 인식 기술, 기타 인공지능 기반 분야에서 개척자적인 진전을 이뤄내고 있다"라고 밝혔다. 에릭 슈미트Eric Schmidt 전 구글 최고경영자가 의장을 맡은 이 위원회는 백악관에 기술경쟁력 위원회를 설치해 인재 확보, 핵심 기술 개발, 기술동맹 구축 등을 촉구했다.[10] 미국의 응전이 성과를 낼지 여부는 민간의 혁신 역량과 정부의 지원이 어떤 시너지를 내느냐에 달려 있을 것이다.

미중 경쟁에서 가장 위태로운 부분은 군사 영역이다. 두 나라는 인공지능을 활용한 자율무기체계 선점을 위해 사실상 인공지능 군비 경쟁에 들어간 상태다. 이는 20세기 초반 영국-독일의 군함 건조 경쟁, 냉전 시기 미국-소련의 핵무기 경쟁에 비견된다. 그나마 핵 냉전 시대엔 일단 한쪽에서 핵 공격을 시작하면 상대도 보복 공격을 감행함으로써 두 나라 모두 괴멸적 타격을 입는 시나리오(상호확증파괴mutual assured destruction, MAD)로 인한 억지력이 작동했다. 그런데 인공지능 무기는 공격원 추적의 난점, 상대적으로 저렴한 개발 비용과 기술 습득의 용이성 등으로 인해 그런 억지력이 작동하지 않을 가능성이 높다. 나아가 근본적으로는 전투에서 삶과 죽음의 결정권을 기계에 맡길 수 있는가라는 윤리적 문제까지 제기되는 형편이다.

강대국들은 이런 우려에 아랑곳하지 않고 있다. 유엔이 2014년부터 관련 국제협약 체결을 논의 중인 데 대해, 미국 인공지능국가안보위원회는 이렇게 잘라 말했다. "위원회는 인공지능을 활용한 자율무기체계의 글로벌 금지를 지지하지 않는다."[11] 무엇이 자율무기체계에 해당하는지 정의하기 어렵고, 기술적 복잡성 탓에 합의 이행을 검증하기 힘들며, 중국과 러시아 같은 나라의 약속을 믿기 어렵다는 이유에서다. 바야흐로 미중 간 '인공지능 냉전' 시대가 다가오고 있다.

5G와 화웨이
― 세계 통신패권의 화약고

2021년 11월 3일, 중국 최대 통신장비 업체 화웨이가 미국에 대한 결사 항전을 다짐하는 사내 행사를 열었다. 행사명은 '퇴로가 없어도 승리의 길로―군단 창설대회'. 군사 용어 사용을 즐긴다는 런정페이任正非 창업자 겸 최고경영자의 스타일이 반영되었다지만, 이 회사가 처한 절박한 상황과 단호한 극복 의지가 함께 읽히기도 한다.

중국 관영《글로벌 타임스》보도를 보면, 런정페이는 이 행사에서 임직원들에게 "평화는 투쟁을 통해서 쟁취할 수 있다. 우리는 앞으로 30년간 평화로운 환경을 만들기 위해 사력을 다해 노력해야 하며 영웅적인 희생을 해야 한다. 그래야 아무도 우리를 괴롭히지 못할 것이다"라고 말했다. 또한 그는 "우리는 스스로와 조국을 위해 목숨을 바칠 것이며 역사는 여러분들을 기억할 것이고 우리가 함께 축배를 드는 날을 기다릴 것"이라고 말했다.[12] 그는 미국의 제재 초기인 2019년 2월 영국 《BBC》와의 인터뷰에서도 "미국이 우리를 무너뜨릴 방법은 없다"라며 항전 의지를 밝힌 바 있는데, 그때보다 한결 더 비장해진 언사다.

'궤멸적 타격'에도 화웨이가 건재한 까닭

화웨이가 이날 창설한 '군단'은 석탄 광산, 항만, 스마트 고속도로, 데이터센터 에너지, 스마트 광발전 등 5개다. 모두 제재의 영향을 비교적 덜 받는 분야다. 이 군단 조직의 목적은 기초 연구자와 기술·상품·마케팅·애프터서비스 등 각 분야 전문가를 한 부문으로 묶어 업무 효율을 극대화하는 데 있다. 화웨이의 내부 소식통은 《글로벌 타임스》와의 인터뷰에서 "우수 인재를 집중 투입해 돌파구를 만들고 새로운 성장 엔진을 창출하려는 것"이라고 말했다.[13] 화웨이는 또한 기술 개발로 돌파구를 마련하기 위해 2021년 연구개발 투자에 매출의 22%를 쏟아 부었다.

화웨이의 이런 행보는 미국의 제재로 입은 타격에서 벗어나려는 몸부림이다. 2018년부터 화웨이에 대한 공세를 시작한 미국은 2019년 5월에는 아예 무역제재 대상기업으로 등재해, 미국 기업이 정부 승인 없이는 화웨이와 거래하지 못하게 만들었다. 이듬해 9월에는 이 규제를 미국 장비를 사용해 부품을 생산하는 외국 기업에까지 적용함으로써, 화웨이로 가는 반도체 공급을 사실상 차단했다. 이에 따라 한때 세계 최대 스마트폰 제조사로 등극했던 화웨이는 해당 분야에서 그야말로 '궤멸적 타격'을 입었다.

화웨이의 2021년 매출액은 6368억 위안(약 110조 원)으로 전년 동기보다 28.5%나 폭락했다. 매출이 줄어든 것은 2002년 이후 20년 만의 일이다. 감소액이 무려 2546억 위안(약 46조 원)에 이른다. 대부분은 스마트폰 사업에서 발생했다. 화웨이는 반도체 칩 조달이 계속 어려워지자 2020년 11월 중저가 스마트폰 브랜드인 '아너Honor'를 중국 선전 지방정부가 대주주인 컨소시엄에 매각한 바 있다.

놀라운 것은 정작 화웨이의 2021년 순이익은 1137억 위안(약 20조 원)으로 전년보다 75.9%나 급증했다는 사실이다. 멍완저우孟晚舟 최고재무담당자CFO는 브리핑에서 "2021년의 매출 감소에도 불구하고 이익과 현금흐름 창출 능력은 나아졌으며 우리는 불확실성에 더 잘 대처할 수 있다"라고 말했다. 창업자 런정페이의 딸인 그는 2018년 12월 미국의 요청에 의해 캐나다 경찰에 체포되었고, 이후 3년 가까이 가택연금에 처해졌다가 풀려난 뒤 경영에 복귀했다. 미국의 대이란 제재를 위반했다는 혐의였다.

귀핑郭平 화웨이 순환회장은 2021년 3분기 실적 발표문에서 "B2C(기업-소비자 간 거래) 사업 부문은 크게 타격을 받은 반면에 B2B(기업 간 거래) 사업 부문은 여전히 안정적"이라고 밝혔다. 실제로 화웨이 사업 구조의 또 다른 축으로 B2B 사업에 주력하는 통신장비 부문은 상대적으로 안정적인 것으로 파악된다. 통신장비가 포함된 캐리어 사업부문의 2021년 매출은 7% 감소에 그쳤다. 중장기 계약이 많은 기업 고객 특성이 반영된 것으로 보인다.

시장조사업체인 미국 델오로 그룹의 집계에 따르면, 화웨이는 세계 통신장비 시장에서 2015년 이래 줄곧 1위를 고수하고 있다. 2020년 31%에 이르던 시장점유율이 미국의 제재 여파로 이듬해 28.7%까지 하락했지만 2·3위 그룹과의 격차는 여전하다. 스웨덴 에릭슨과 핀란드 노키아가 14~15%대의 점유율을 기록 중이고, 그 뒤를 미국 시스코(5~6%)와 한국의 삼성전자(2~3%)가 멀찍이서 추격하고 있다.

델오로는 보고서에서 "화웨이 장비 사용을 억제하려는 미국 정부의 계속되는 노력이 중국을 제외한 세계시장에서 화웨이의 지위에 영향을 주고 있다"라면서도 "화웨이는 중국 시장에 대한 장악력과 통신 포트폴리오의 깊이, 그리고 기존 영업망의 회복력을 강화하면서 세계시장을 계속 주도하고 있다"라고 평가했다.[14] 미국이 화웨이를 제재하면서 대안으로 내세운 오픈랜(개방형 무선네트워크) 공급업계의 점유율은 미미한 수준이다. 미국이 화웨이의 통신장비 시장 주도권을 흔들지 못하고 있다는 얘기다.

'기술표준' 경쟁

여기에는 화웨이가 가격경쟁력과 함께 탄탄한 기술력을 갖춘 점도 배경으로 작용하고 있다. 화웨이는 2019년부터 상용화가 시작된 5세대 이동통신 기술표준 경쟁에서 우위를 점하고 있다. 독일 지식재산권 조사업체인 아이플리틱스가 2021년 11월 발표한 보고서 〈누가 5G 특허 경쟁을 주도하는가〉를 보면, 2021년 9월 기준으로 화웨이가 세계 5G 유효 표준필수특허Standard Essential Patent, SEP의 15.9%를 보유해 1위를 차지했다. 표준필수특허(표준특허)는 관련 제품을 생산하고 판매하기 위해서는 반드시 사용해야만 하는 특허를 뜻한다. 업계가 인정하는 5G 기술표준 기여도에서도 화웨이가 23.2%로 1위였다.[15]

기술표준은 상품과 재화의 품질·안전·호환성을 개선하기 위한 기술 규격을 뜻한다. 글로벌 이동통신 시스템인 코드분할다중접속CDMA 같은 기술이 대표적이다. 관련 업체들은 특정 기술의 상용화 과정에서 표준특허를 사용해야 하는 데다 기술의 경로의존성이 높기 때문에 기술표준을 선도하고 표준특허를 확보한 국가와 기업은 막대한 로열티(사용료) 수입을 얻고 시장을 주도하게 된다. 미국의 무선통신 기업 퀄컴이 1990년대 중반 개발한 CDMA 기술이 2세대 이동통신2G 기술의 표준특허로 인정받음으로써 엄청난 수익을 거둔 것은 잘 알려진 이야기다.

표준특허를 갖지 못한 국가와 기업은 이 기술을 사용하기 위해 막대한 비용을 지불해야 한다. 당연히 경쟁에서도 불리해질 수밖에 없다. 한국 휴대전화 제조업체들도 퀄컴에 단말기 판매가의 약 5%를 지불해야 했다. 미국은 퀄컴이 원천기술을 바탕으로 4G 시대까지 이동통신 분야에서 가장 많은 표준특허를 보유하며 시장을 주도했다. 4차 산업혁명으로 기술 융·복합화가 활발해지고, 표준이 만들어지는 시기에 기술의 선점 효과는 더 커질 수밖에 없다. 그런 중대한 국면에서 5G의 주도권을 중국과 화웨이에 넘겨줄 처지에 놓였으니 미국으로선 위기감과 조바심을 느낄 수밖에 없을 것이다.

사실 화웨이의 이런 성장은 중국 정부의 일대일로 정책과 디지털 실크로드 정책에도 힘입은 바 크다. 시진핑 주석은 취임 초기인 2013년부터 중국과 동남아시아·중앙아시아·아프리카·유럽을 육로와 해로로 연결해 경제권을 형성하는 일대일로 정책을 추진했다. 이어 2015년부터는 일대일로 참여 국가에 통신네트워크·클라우드컴퓨팅 등을 지원하는 디지털 실크로드 정책을 폈다. 화웨이도 이 사업에 참여해 적잖은 지원을 받았다. 그 결과 화웨이는 아프리카 4G 통신네트워크의 70%를 설치하는 개가를 올렸고, 이는 이후 세계 통신장비 시장에서 1위로 치고 올라가는 동력이 되었다.

또한 중국은 2035년까지 5G·빅데이터·사물인터넷·인공지능·클라우드 등 신기술 분야에서 세계 표준을 주도한다는 이른바 '중국표준 2035'를 추진하고 있다. 이런 중국표준의 세계화에 일대일로 참여국과의 협력이 중요한 역할을 할 것으로 예상된다. 국제표준화기구ISO·국제전기기술위원회IEC·국제전기통신연합ITU·국제전기전자기술자협회IEEE·유럽전기통신표준기구ETSI 등 5대 국제 표준화기구에 2020년까지 신고된 '선언 표준특허declared SEP'[*]를 보면, 미국이 2만4661건으로 1위였으며, 중국은 2만1805건으로 바짝 추격 중이다. 한국은 1만7492건으로 3위다.

대안 없는
제재의 한계

도널드 트럼프 집권 이후 미국은 화웨이의 통신망 확장에 제동을 걸고 나섰지만, 약발이 신통치 않아 보인다. 핵심 동맹들은 미국에 동조하고 나섰지만 미중 사이에서 눈치를 보는 나라도 적지 않다. 어느 쪽에든 미운털이 박히면 곤란하기 때문이다. 또한 이미 화웨이 통신장비를 설치한 경우에는 타사 제품으로 교체하는 데 막대한 비용이 드는 문제도 있다. 4G와 5G 기술이 연동되어 있다. 다시 말해 4G를 화웨이로 설치했다면 5G도 화웨이 제품을 고르는 것이 비용과 효율에서 훨씬 유리하다는

---

[*] 호환성과 범용성을 위해 마련한 국제표준화기구의 특허정책. 이에 따라 기업 등이 등록 또는 출원 중인 특허가 기술표준과 연관 있다고 표준화기구에 선언(신고)하는 것을 가리킨다. 표준필수특허의 전 단계로 표준선언특허라고도 한다.

것이다.

미국외교협회CFR의 조사 결과(2021년 3월 기준)를 보면, 미국의 요구를 받아들여 화웨이 장비를 즉각 금지한 나라는 8개국이다. 영국·캐나다·오스트레일리아·뉴질랜드 등 파이브 아이즈Five Eyes 소속 국가와 일본 등이 여기에 포함된다. 인도·프랑스 등은 금지를 공식 선언하지는 않았지만 자국 업체에 화웨이와 재계약하지 말 것을 권고하고 있다. 그러나 네덜란드·아이슬란드·터키·헝가리 등의 나토 회원국과 사우디아라비아·아랍에미리트 등 중동 국가들은 여전히 화웨이 제품 사용을 고수하고 있다. 미국외교협회는 "미국의 압박이 일부 성공을 거두고 있지만 한계에 직면할 것 같다. 정보공유·안보협약의 손실 위협이 미국과 공식 동맹국이 아닌 나라들을 설득하지 못할 가능성이 있다"라고 분석했다. 협회는 주요한 이유로 미국이 화웨이 장비를 대체할 만한 경쟁력 있는 대안을 제공하지 못했다는 점을 지적했다.[16]

국가 차원에서도 미중 간 5G 경쟁력 격차는 상당히 벌어져 있다. 하버드대 국제문제연구소인 벨퍼센터는 2021년 12월에 내놓은 보고서 〈미중 간 거대한 기술 경쟁〉에서 2020년 말 기준으로 5G 가입자는 중국 1억5000만 명 대 미국 600만 명이고, 5G 기지국은 중국 70만 곳 대 미국 5만 곳, 5G 평균속도는 중국 300Mbps 대 미국 60Mbps로 차이가 난다며 "거의 모든 핵심 지표들이 중국이 5G의 미래를 지배할 것이라는 예측을 지지한다"라고 분석했다. 아이플리틱스는 보고서에서 "5G 기술의 세계적인 채택은 향후 15년간 세계 경제에 2조 달러어치를 기여할 것으로 예상된다"라고 밝혔다.[17] 오랫동안 통신장비 시장을 지배해온 미국으로선 격세지감일 것이다.

통신 기술표준에
사활을 거는 까닭

이에 따라 미국은 중국 통신업계에 대한 고립화 전략을 지속하면서 다른 한편으론 6G 기술 선점에 박차를 가하고 있다. 바이든 미국 대통령은 2021년 11월 국가 안보 우려를 이유로 화웨이·중싱통신ZTE 등 중국 통신장비 업체들의 제품을 미국 통신망에서 사용하지 못하도록 하는 보안장비법에 서명했다. 이 법은 미국 연방통신위원회FCC가 금지목록에 올린 회사의 제품을 승인하지 못하도록 하는 내용을 담고 있으며, 상하원 모두에서 압도적 찬성으로 가결되었다.

또한 바이든 대통령은 2021년 한국·일본·영국 등 동맹국 정상들과의 회담에서 5G·6G 기술 개발에 공동투자한다는 공동성명을 내기도 했다. 2021년 12월 호세 페르난데즈Jose W. Fernandez 국무부 경제차관이 방한해 한국 정부와 5G·6G 등 기술에 대한 공동 연구개발과 오픈랜 협력을 강화하기로 한 것도 그 일환이다.

미중이 통신기술을 두고 치열하게 경쟁을 벌이는 것은 이 기술이 경제적 파급 효과뿐만 아니라 안보 차원에서도 중요한 역할을 맡기 때문이다. 이동통신은 초기 음성통화 중심에서 3G부터 데이터통신으로 전환되었고, 이후 데이터 전송속도 경쟁을 통해 발전해왔다. 5G는 4G보다 전송속도가 20배나 빠를 뿐만 아니라, 사용자 그룹이 사람에서 서버-기계 간 통신으로 확장되었다. 자율주행·원격의료·사물인터넷·인공지능·빅데이터 등 4차 산업혁명의 기반 기술이 되는 셈이다. 5G의 기술표준은 스마트폰의 통신 기준을 넘어 산업용 기계장치와 로봇들을 연결하기 위한 방대한 양의 데이터 교환의 기준까지 결정하게 된다. 다시 말해, 5G의 기술표준을 장악한 국가와 기업이 4차 산업혁명의 기초 인프라를 통제할 수 있는 지위에 오르게 되는 것이다.

6G에서는 5G가 씨앗을 뿌린 이런 산업 간 융·복합 기술과 서비스가 더 발전된 형태로 발현될 것으로 예상된다. 예컨대 지금은 발전 초기 단계인 인공지능이나 로봇에 의한 서비스가

활성화될 것으로 보인다. 이런 기술은 우주기술과 최첨단 군사 시스템에서도 핵심적인 역할을 한다. 미중이 사활을 걸고 5G·6G 개발에 매진하는 이유다.

빅테크 전쟁

'중국 24시간 내, 세계 72시간 내 배달.'

2018년 7월에 방문한 중국 남송의 고도 항저우에 있는 알리바바의 본사 전시관에는 이런 문구가 내걸려 있었다. 알리바바의 정광밍 홍보담당자는 "마윈 회장이 지난해 이런 목표 달성을 위해 5년간 156억 달러 투자계획을 발표했다. 아시아에선 쿠알라룸푸르와 홍콩, 유럽에선 벨기에 리에주와 모스크바, 그리고 중동의 두바이를 글로벌 물류 허브로 선정했다"라고 소개했다. 알리바바는 이런 배달 목표를 달성하기 위해 창고에 로봇 배치를 확대하고, 세계 주요 도시에는 전세기를 투입한다고 했다. 세계 주요 시장을 3일 배달권으로 만들겠다는 상상력에 혀를 내두르지 않을 수 없었다.

세계 최대 전자상거래업체인 알리바바의 야망은 여기서 그치지 않았다. 이 회사는 '세계전자무역 플랫폼eWTP'을 구축해 세계시장을 무대로 한 '디지털 자유무역지대'를 만들겠다는 프로젝트를 추진 중이었다. 세계 전자상거래 시장의 중심에 서겠다는 것으로, 이 프로젝트는 창업자 마윈馬雲이 2016년 9월 항저우에서 열린 주요 20개국G20 정상회의에서 처음 제시해 공동성명으로도 채택됐다. 알리바바의 야오야오 국제정부사무이사는 "우리는 물류혁신과 신속한 통관, 저렴한 결제, 빅데이터를 이용한 고객연결 등을 지원함으로써 여기에 참여한 중소기업이 혜택을 보도록 할 계획"이라고 말했다. 현재까지 아시아에선 말레이시아·타이, 유럽에선 벨기에, 아프리카에선 르완다·에티오피아가 가입했다.

중국이 막아선
알리바바의 야망

알리바바는 금융업에서도 두각을 나타냈다. 모바일 결제수단인 알리페이 가입자는 6억 명을 넘어섰고, 소상공인 대출로 영역을 확장하고 있었다. 알리바바 관계자는 '310대출'이라는 프로그램을 소개했다. '대출 신청에 3분, 승인에 1초, 사람의 개입 0'이라는 의미였다. 알리페이를 통해 확보한 개인사업자의 거래내역과 신용정보 등 빅데이터를 기반으로 이런 신속한 대출이 가능하며, 이미 700만 명이 대출을 받았다고 했다. 2018년 당시만 해도 한국에선 생소했던 사업이라 신선한 충격을 받았다.

이런 사업들은 '천하에 어려운 장사가 없게 하자'는 모토로 창업한 마윈의 천부적인 수완을 유감없이 보여준다. 한창 승승장구하던 2018년, 알리바바 본사 건물도 대대적 확장을 진행 중이었다. 당시 사옥이 8개 동이었는데, 8개 동을 더 짓는다고 했다. 그러나 꿈이 과했던 것일까. 불과 2년 뒤인 2020년 10월부터 알리바바는 중국 당국의 집중적인 견제를 받기 시작했다.

마윈이 중국의 금융을 '전당포 영업'에 비유하며 후진적인 금융감독 방식을 공개 비판한 게 화근이었다. 마윈은 그해 10월의 한 연설에서 "좋은 혁신가는 감독을 두려워하지 않지만 뒤떨어진 감독을 두려워한다. 기차역을 관리하는 방식으로 공항을 관리할 수 없듯이 과거와 같은 방식으로 미래를 관리해나갈 수는 없다"라고 말했다. 그는 이어 "혁신에는 항상 위험이 따르고 위험에서 완전히 자유로운 혁신이란 존재할 수 없다. 가장 큰 위험은 위험을 제로(0)로 만들려는 것"이라고 주장했다. "미래의 시합은 혁신의 시합이어야지 감독 당국의 (규제) 기능 경연 시합이어서는 안 된다"라는 말도 덧붙였다.[18] 이 연설이 있고 일주일 만인 11월 2일, 중국 금융당국은 마윈을 불러 이른바 '예약 면담'을 진행했다. 예약 면담은 기관이 대상자를 불러 공개적으로 질타하고 요구 사항을 전달하는 것으로, 말이 면담이지 '군기 잡기'의 일종이다.

중국 당국은 이에 그치지 않고 다음 날인 11월 3일에는 알리바바 금융자회사 앤트그룹의 기업공개IPO를 전격 중단시켰다. 공모금액 340억 달러로 세계 최대 규모의 기업공개가 상장을 이틀 앞두고 물거품이 되는 순간이었다. 이후 마윈은 공개 석상에 모습을 나타내지 않고 있다. 중국 당국은 2021년 4월, 반독점 위반 혐의로 알리바바에 벌금 182억 위안(약 3조 1000억 원)을 물렸다. 알리바바 주가는 1년 반 사이 약 70%나 폭락했다.

생태계 파괴자
아마존의 야망

중국에 알리바바가 있다면 미국엔 아마존이 있다. 미국 서부 해안도시 시애틀의 온라인서점에서 출발한 아마존은 1억 개가 넘는 상품을 판매하는 '에브리싱 스토어'(만물상)를 넘어 이제는 인공지능·클라우드 컴퓨팅 등 첨단기술의 세계적 강자로 부상했다. 첨단 물류망과 엄청난 규모의 소비자 데이터, 그리고 저가 전략이 무기다. 제프 베이조스Jeffrey Bezos 회장은 젊은 시절 월가의 헤지펀드에서 '정글 자본주의'를 익힌 탓인지 미국에서도 인정사정없는 자본가의 이미지로 각인되어 있다. 아마존이 진입한 시장에선 거의 예외없이 기존 생태계가 '파괴'되는 일이 발생했기 때문이다. 책·음악·장난감 등 시장에서 100년 넘게 군림했던 경쟁자들이 속절없이 나가떨어졌다.

아마존은 약국·소상공인대출·식료품·결제시장에서도 존재감을 드러내고 있으며, 보험·스마트홈·미디어·엔터테인먼트 시장에도 진출했다. 더 나아가 우주사업에까지 손을 뻗고 있다. 아마존은 2022년 4월 인공위성을 이용한 초고속 인터넷서비스 사업인 '프로젝트 카이퍼' 계획을 발표했다. 2022년 말부터 5년간 지구 저궤도에 소형 군집위성 3236개를 쏘아올릴 예정이다. 여기에 투입되는 비용은 100억 달러에 이른다. 베이조스가 창업한 우주기업 블루오리진은 2021년 7월 처음으로 유인 우주여행 시험에 성공하기도 했다.

아마존과 알리바바는 미중을 대표하는 빅테크Big Tech(거대 정보기술 기업)로, 이들의 미래는 두 나라가 신산업에서 얼마나 혁신에 성공할 것인지를 보여주는 시금석이다. 현재까지는 아마존이 알리바바에 앞서는 것으로 보인다. 대신증권이 두 회사를 비교한 자료를 보면, 아마존의 2021년 글로벌 전자상거래 매출액은 4076억 달러(약 518조 원)로 알리바바의 989억 달러(약 126조 원)보다 4.1배 많았다. 다만 알리바바는 총거래규모GMV가 아마존의 약 2배, 월간 사용자 수는 3배가량 많아 성장 잠재력은 상당하다고 평가받는다. 클라우드 부문에서는 아마존 매출이 622억 달러로 세계 1위(시장점유율 33%)이며, 알리바바는 111억 달러로 세계 4위(6%)다. 대신증권은 자율주행·로봇 등 신산업과 관련해 "아마존은 뚜렷한 미래 사업 방향을 제시하고 있지만 알리바바는 아직 초기 투자 단계"라고 평가했다.[19]

빅테크 대전과
중국 정부의 역할

미중의 빅테크 대전은 흔히 '가파GAFA 대 바트BAT'로 불린다. 가파는 구글·아마존·메타(페이스북)·애플을, 바트는 바이두·알리바바·텐센트를 일컫는다. 여기에 마이크로소프트와 화웨이 또는 샤오미를 덧붙여 '가팜GAFAM 대 바스BATH 또는 바츠BATS'로 부르기도 한다. 두 나라 빅테크들은 빅데이터·

인공지능·전기차·클라우드 등 신산업에 맹렬히 투자하고 있다. 미국 5대 빅테크의 2021년 연구개발 투자액은 1549억 달러(약 197조 원)였다. 한국 코스피 상장사 500대 기업 중 공시로 확인 가능한 224곳의 연구개발 투자액 60조 원의 3.3배에 이르는 규모다. 개별 기업으로 비교해봐도 아마존이 561억 달러로 알리바바(87억4000만 달러)의 6.4배다. 구글은 315억6000만 달러로 비슷한 사업모델인 바이두(39억1000만 달러)의 8.1배다.

물론 이런 투자규모만으로 두 나라 기업의 미래 경쟁력을 단순 비교할 수는 없다. 중국 기업은 인프라·금융·수요창출 등 많은 부분에서 정부의 대규모 지원을 받기 때문이다. 예컨대 바이두의 연구개발 투자는 구글에 훨씬 못 미치지만 자율차 개발에서는 구글을 앞선 것으로 평가받는다.

정부의 지원이나 개입이 투자 효율성을 떨어뜨리는 요인이 될 수 있지만 지금까지 중국 산업의 성장사는 이와는 사뭇 달랐다. 중국 벤처기업들은 엄청난 생존 경쟁을 거친다고 알려져 있다. 실제로 중국 벤처캐피털을 모니터링하고 있는 상하이의 한 전문가는 2020년 "대부분 국유인 은행들과 달리, 벤처캐피털은 민영화가 상당부분 진행된 것으로 파악된다"라고 말했다. 중국의 벤처캐피털 시장도 정부가 통제하는 것 아니냐는 의구심이 있는데 그렇지 않다는 얘기다. 중국 정부 자금은 개별 투자 펀드의 20%까지 투입이 가능하다. 시 정부까지 투자하면 40%까지도 이뤄지는데, 흔한 경우는 아니라고 한다. 한국의 정부 자금인 모태펀드가 개별 펀드 구성의 20%대를 차지하고 있는 점을 감안하면, 우리와도 비슷한 구조인 셈이다.

스타트업이 벤처캐피털 자금을 투자받기 위한 경쟁도 매우 치열하다. 과거 한국에서 벤처 거품이 일었을 때처럼 '눈먼 돈'이 돌아다는 게 아니라는 것이다. 한국과 중국의 벤처투자 시장을 모두 경험한 상하이의 전문가는 "중국 정부 자금을 받기 위해서는 먼저 민간의 여러 투자기관에서 어느 정도 자금을 모집한 다음에야 제안이 가능하다"라며 "그래서 정부 자금은 상대적으로 경쟁력이 있는 스타트업에 주로 투입되는 구조"라고 말했다. 그는 "한국보다 중국의 벤처투자 시장의 경쟁이 더 치열한 것 같다"라고 덧붙였다. 리카이푸 전 구글차이나 대표의 설명도 비슷하다. 베이징에서 벤처캐피털을 운영하고 있는 그는 《AI 슈퍼파워》에서 "중국 기업에는 시장 중심이 가장 우선이고 가장 중요하다. 그들의 최종 목표는 돈을 버는 것이고, 이 목표를 이루기 위해서는 어떤 제품이든 만들고, 어떤 사업모델이든 다 받아들이고, 어떤 사업에든 뛰어들 각오가 되어 있다. 이런 각오는 실리콘밸리가 찬양하는 '린 스타트업Lean Startup' 모델의 완벽한 정수인 놀라울 정도로 유연한 사업모델과 사업

수행으로 이어진다"라고 밝혔다.[20] 중국 벤처업계가 미국 실리콘밸리보다 생존 경쟁이 치열하며, 이런 점이 그동안 중국 산업 발전의 동력이 되었다는 얘기다.

'기업 길들이기'의
유혹

그러나 최근 2년간 중국 정부의 빅테크에 대한 개입이 이전보다 훨씬 강화됐다. 중국 정부는 마윈의 '설화 사건' 이후 반독점, 금융안정, 개인정보보호 등을 명분으로 '빅테크 길들이기'에 본격 나섰다. 특히 2021년 8월 시진핑 국가주석이 공산당 중앙재경위원회 회의에서 '공동부유共同富裕' 실현을 강조한 이후 빅테크·사교육·부동산 부문에 대한 규제와 단속을 대폭 강화했다. 공동부유는 경제성장 과정이 빈부격차가 극심해지는 부작용이 나타나자 분배를 확대하려는 정책이다.

시 주석은 2022년 1월에는 '플랫폼 경제의 건강한 발전에 관한 약간의 의견(지침)'을 발표해 향후 투자 방향까지 권고했다. 지침은 "플랫폼 기업이 플랫폼 시장과 데이터의 장점을 활용해 과학 혁신을 전개하고 핵심 경쟁력을 키울 수 있게 이끌 것"이라며 "플랫폼 기업이 부단히 연구개발 투입을 강화해 인공지능, 클라우드, 블록체인, 운영체계, 반도체 칩 등 영역에서 기술연구 돌파구를 마련할 수 있도록 격려한다"라고 밝혔다.

그는 또한 플랫폼 기업이 해외에 진출해 세계시장에서 주도권을 잡는 것을 권장했다.[21] 빅테크들이 중국 내에서 '무질서한 자본 확장'에 나서지 말고 첨단기술을 개발하고 해외시장을 적극 개척해 '사업 보국'을 하라는 지침인 셈이다. 다만 시 주석은 2022년 3월 공산당 중앙정치국 회의에서 "플랫폼 경제의 건전한 발전을 촉진하겠다. 플랫폼 경제의 개선 문제를 마무리하고 상시적 관리·감독을 할 것"이라고 밝혔다.[22] 코로나19 봉쇄 정책 등으로 중국 경제가 어려워지자 빅테크에 대한 규제 드라이브를 종결하겠다는 의사를 내비친 것이다. 향후 정책 기조가 바뀔지 주목된다.

정부가 대기업의 독점이나 불공정 행위를 규율하는 건 필요한 일이지만 너무 지나치면 기업의 혁신을 가로막을 수 있다. 아마존의 베이조스가 우주를 무대로 마음껏 활보하는 상황에서 마윈 같은 혁신적 기업가가 1년 반 넘도록 공개 석상에조차 등장하지 못하는 건 중국 경제의 미래를 위해서도 좋지 못한 신호다.

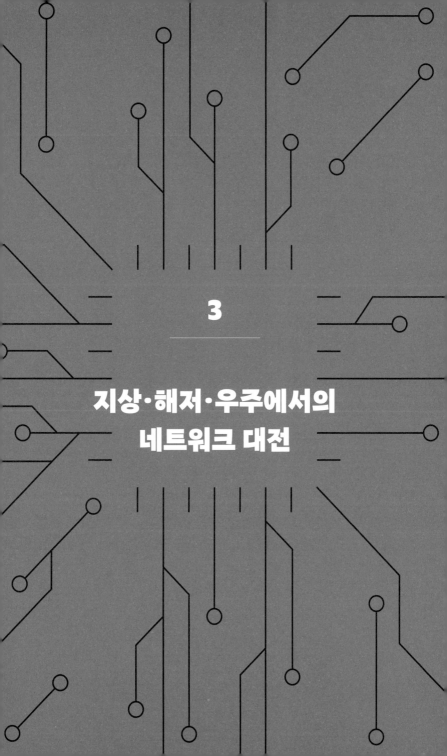

3

지상·해저·우주에서의
네트워크 대전

디지털 경제에서는 누가 더 광범한 네트워크를
확보하느냐가 성패를 좌우한다.
중국은 일대일로 프로젝트를 앞세워
유라시아와 아프리카를 잇는 네트워크를
구축하고 있으며, 미국은 이를 차단하는 데
총력을 기울이고 있다.
지상, 해저, 우주를 무대로 펼쳐지는
미중의 총성 없는 전쟁을 들여다본다.

해킹 전쟁

러시아가 우크라이나를 침공하기 직전인 2021년 2월 15~16일, 우크라이나 국방부와 국영은행의 웹사이트가 디도스DDoS(분산 서비스 거부 공격) 공격을 받아 일시 마비됐다. 공격 발생 사흘 뒤인 18일 미국 백악관은 이 사이버 공격의 배후로 러시아를 지목했다. 사이버·신기술 담당 국가안보 부보좌관 앤 뉴버거Anne Neuberger는 언론 브리핑에서 "우리는 러시아 총정찰국GRU의 인프라가 우크라이나의 아이피IP 주소와 도메인에 대량의 트래픽을 전송한 것으로 여겨지는 기술적 정보를 갖고 있다"라고 밝혔다. 그는 "러시아가 이번 공격에 책임이 있는 것으로 판단한다"라며 "우리가 이렇게 책임자를 지목하는 속도는 매우 이례적"이라고 덧붙였다. 실제로 미국이 외국의 사이버 공격자를 이렇게 신속하게 공개한 것은 전례가 없는 일이다.

사이버 공격은 지리적 제약이 없는 익명의 해커가 감행하는 것으로, 추적이 매우 까다로운 속성을 지닌다. 공격자가 흔적을 남기거나 과거 사용했던 독특한 수법을 반복하지 않는 한 책임을 규명하기가 쉽지 않다. 공격자의 인프라에 몰래 심어놓은 전자 장치를 통해 정보를 얻을 수 있지만, 반대로 출처가 노출된다는 우려 때문에 쉽게 공개하기도 어렵다. 이렇듯 명백한 물적 증거가 없으니 배후로 지목받아도 오리발을 내밀기 일쑤다. 실제 러시아 정부도 미국의 이런 발표에 대해 즉각 부인하고 나섰다.

전쟁도 평화도 아닌 회색지대의 공방전

국가 주도의 사이버 공격이 2000년대 초반부터 세계를 소란스럽게 만들었음에도 책임 소재가 분명히 가려지지 않고 흐지부지된 게 이런 이유 때문이었다. 전문가들 사이에선 미국·러시아·중국·영국·이란·이스라엘·북한 등 7개국이 대표적 '악동'으로 꼽힌다. 그런데 뉴버거 부보좌관의 설명처럼 이번 미국의 발표 속도는 '사이버 전쟁'이 새로운 양상으로 전개되고 있음을 보여준다. 상대국을 위협하려는 공격자와 이를 즉각 폭로함으로써 공격자의 행위를 위축시키려는 방어자가 사이버상에서 본격적으로 '창과 방패'의 대결을 벌이고 있는 것이다.

사이버 공격의 배후를 폭로하는 이런 전략은 2014년 미국과 중국의 사이버 전쟁으로 거슬러 올라간다. 미국 법무부는 그해 5월 언론에 'ㅇ지명 수배자: 중국 인민해방군 군인 5명 ㅇ혐의: 경제 스파이, 기업 기밀 절취'라고 기재된 수배 전단을 공개했다. 수배자의 신원과 얼굴 사진까지 드러나 있었다. 당시 기소 내용을 보면, 인민해방군 61398부대 소속 군인 5명은 웨스팅하우스와 유에스스틸 등 원자력·철강 관련 미국 5개 대기업과 미국 철강노조USW의 컴퓨터를 해킹해 기업 기밀 정보를 빼냈다. 웨스팅하우스는 중국 국영기업과의 협상 전략을 털린 것은 물론, 최고경영자의 이메일을 포함해 70만 쪽에 이르는 이메일 메시지를 해킹당했다. 범행 추정 기간은 2006년부터 2014년까지 9년이다.

제임스 코미James Comey Jr. 연방수사국FBI 국장은 "너무나 오랫동안 중국 정부는 국유 산업의 경제적 이득을 위해 사이버 스파이 행위를 뻔뻔스럽게 해왔다"라고 말했다. 미국이 외국 정부나 군 관계자를 해킹 혐의로 기소한 것은 이때가 처음이었다. 첨단기술 기업과 핵심 산업의 기밀이 외국으로 빠져나가는 걸 더는 묵과할 수 없다는 판단에서였다.

이에 중국은 《신화통신》 보도를 통해 미국의 사이버 해킹 자료를 공개하며 맞불을 놨다. 《신화통신》은 미국의 기소 다음날인 5월 20일 중국 국가인터넷정보판공실 대변인의 말을 인용해 "미국은 세계 최대의 사이버 해킹 국가이며 주요 대상은 중국"이라고 보도했다. 이 대변인은 "2014년 3월 19일부터 5월 18일까지 두 달간 미국은 2077개의 트로이 목마 프로그램과 좀비 네트워크를 통해 중국 내 118만 대의 서버를 조종해왔다"라고 말했다.

두 나라의 공방은 2015년 9월 버락 오바마 대통령과 시진핑 중국 국가주석의 '사이버 합의'를 통해 봉합됐다. 양국은 합의문에서 "어떤 국가의 정부도 영업 비밀과 기업 기밀 정보를 포함한 지식재산권 등에 대한 사이버 절도를 행하지 않고 고의로 지원하지 않는다"라고 밝혔다. 실제로 이 합의 이후 중국의 미국 기업에 대한 해킹은 눈에 띄게 줄었다. 그러나 미국 정보당국은 2018년 보고서에서 "해킹 횟수는 줄어들었지만 미국의 방산·정보기술·통신업체에 대한 중국의 해킹은 계속되고 있다"라고 지적했다.[1]

이런 소란을 거치면서도 미국은 2010년대 중반까지 사이버 공격이나 해킹 행위에 일사분란한 대응방안을 마련해놓지는 못한 것으로 보인다. 2015년 12월 영화《인터뷰》의 제작사 '소니 픽처스 엔터테인먼트'에 대한 해킹 사건에서 보인 대처가 그랬다.《인터뷰》는 북한 김정은 국방위원회 제1위원장의 암살을 소재로 한 코미디 영화다. 미국은 북한 소행으로 추정되는 영화사 해킹 사건 초기에 허둥지둥하는 모습을 보였다. 오바마 대통령은 당초 이 사건을 '사이버 반달리즘'(특정인의 명예를 훼손하는 등 온라인 세계의 질서를 파괴하는 행위)으로 규정했다가 미온적이라는 비판을 받았다. 자유의 나라답게 표현의 자유를 침해한 심각한 공격이라는 성토도 거세게 일었다. 그러자 오바마 대통령은 2주 만에 이 사건을 "파괴적·강압적인 사이버 공격"이라고 재규정하며, 북한의 공작업무를 총괄하는 정찰총국을 비롯한 기관 3곳과 요원 10명에 대한 제재 조치를 발표했다.

사이버 공격에 대한 미국의 대응이 달라진 계기는 2016년 러시아의 미국 대통령 선거 개입이었다. 이 사건은 미국인들에게 외국의 사이버 공격이 미국 민주주의의 근간을 뒤흔들 수 있다는 위기감과 분노를 불러일으켰다. 특검이 구성되어 본격적인 수사가 진행되었고, 9개월 만인 2018년 2월, 러시아 인사 13명과 기관 3곳을 기소했다. 기소 내용을 따르면 이들은 대선

2년 전부터 장기적 전략 아래 온라인상에서 분쟁을 촉발하는 글과 댓글을 올리는 활동을 했다. 러시아 상트페테르부르크에 본거지를 둔 '인터넷 리서치 에이전시IRA'는 2016년 당시 공화당 대선후보인 트럼프에 유리하고 힐러리 클린턴 민주당 후보에 불리한 정치 선전물을 유권자들이 팔로우 하게 만드는 방식으로 미국의 선거에 개입했다.

전략자산에서 선거까지
선전포고 없는 전쟁

미중 간 '사이버 휴전'은 몇 년 지나지 않아 파기된 것으로 보인다. 조 바이든 행정부 들어서도 사이버 해킹을 둘러싼 양국의 설전은 계속되고 있다. 2021년 3월에는 마이크로소프트의 이메일 서버 소프트웨어 '익스체인지'에 대한 해킹 사건이 터졌다. 백악관은 사건 발생 4개월 뒤 공격의 배후로 중국 국가안전부와 연계된 해커들을 지목하며 중국을 비판했다. 미 법무부는 용의자 4명을 기소하고 얼굴 사진 등을 공개했다. 이 비판에는 유럽연합과 영국, 캐나다, 일본 등도 동참했다. 이에 중국 외교부는 즉각 혐의를 부인하며 반박에 나섰다. 외교부 자오리젠趙立堅 대변인은 "미국이야말로 전 세계 최대의 사이버 공격 근원 국가"라며 중국 인터넷 보안업체 360을 인용해 중국의 항공우주·과학연구기관·석유·인터넷 등 핵심 영역을 겨냥한 미국의 사이버 공격이 11년간 이어졌다고 주장했다.

이처럼 최근 10여 년간 사이버 역량이 주요 강대국 간 패권 경쟁의 도구로 떠올랐다. 그것도 상대국을 정탐하는 전통적인 수단에서 머무르지 않고 사회 각 분야에 걸친 전방위 공세에 활용되고 있다. 미중 간의 공방만 보더라도 상대국 기업의 지식재산권 해킹에서부터 금융기관과 석유·전력·통신 등 핵심 기반시설을 교란·공격하는 행위까지 다양하게 펼쳐지고 있다.

2010년 미국이 '스턱스넷Stuxnet'이라는 악성 코드로 이란의 원심분리기 상당수를 망가뜨려 핵무기 개발을 저지한 행위, 2016년 미국 대선에 러시아가 개입한 사건에서 드러났듯 경쟁국의 민주주의 시스템을 교란하는 행위 등 과거엔 상상하기 힘들었던 공격도 벌어지고 있다. 이런 공격은 상대국의 전략 자산이나 정치 체제를 뒤흔들 수 있는 파괴력을 지닌다. 사이버 역량의 활용이 패권 경쟁에서도 무시 못할 변수가 된다는 얘기다.

이에 따라 주요국은 사이버 역량에 국가 차원의 투자를 거듭하는 한편, 이를 국방 계획에 통합해서 운용하는 방향으로 나아가고 있다. 미국은 그간 국가안보국NSA과 중앙정보국CIA

이 정보전에 대응해왔지만 2009년 국방부에 사이버사령부를 신설하며 사이버 공격 역량을 강화해왔다. 이란에 대한 스틱스넷 공격도 사이버사령부가 주도한 것으로 알려져 있다.[2]

그렇다면 어느 나라가 사이버 역량에서 앞서고 있을까? 영국 국제전략문제연구소IISS는 2021년 6월 주요 15개국의 사이버 역량을 비교한 〈사이버 역량과 국력 평가〉 보고서를 내놨다. IISS는 전략, 지휘체계, 사이버 정보력·경제력·보안·동맹·공격력 등 7가지 지표를 놓고 비교해 이들 국가를 세 등급으로 구분했다. 모든 지표에서 세계적 강국으로 평가받은 1등급은 미국이 유일했다. 일부 지표에서 세계적 강국으로 평가받은 2등급엔 러시아·영국·이스라엘·중국 등이, 그리고 일부 지표에서 강점을 갖고 있으나 일부 지표에선 약점을 노출하고 있는 3등급엔 북한·이란·일본 등이 포함되었다. 한국은 조사 대상에 없었다. IISS는 "2등급 가운데 1등급에 합류할 수 있는 국가는 현재로선 중국이 유일하다"라고 진단했다. 다만 "미국은 앞으로 최소한 10년간 (사이버 역량에서) 우월적 지위를 유지할 수 있을 것"이라며 그 근거로 사이버 기술력과 경제력·군사력에서 중국을 앞서고 있다는 점, 2018년 이후 중국에 대한 첨단기술 수출제한으로 중국의 기술 개발을 늦출 수 있다는 점을 들었다.[3]

양자통신이라는
신세계

한편 해킹의 방어전 측면에서 양자기술을 둘러싼 미중 간 경쟁도 점입가경이다. 양자란 더 이상 나눌 수 없는 에너지의 최소 단위를 말한다. 양자기술은 양자의 물리적 특성(중첩성, 복제 불가능성, 얽힘 등)을 이용해 기존 기술의 한계를 극복하는 '파괴적 혁신'으로 평가받고 있는데, 대표적 기술로 양자통신(초신뢰 보안)·양자컴퓨터(초고속 연산)·양자센서(초정밀 계측)가 각광받고 있다.

이 가운데 양자통신은 양자의 복제 불가능한 특성을 이용해 통신 내용을 암호화하는 것으로, 현존하는 어떤 기술로도 해킹할 수 없는 보안 체계로 알려져 있다. 프롤로그에서도 밝혔듯 전반적인 양자기술은 미국이 앞서 있으나, 양자통신에서는 중국이 미국을 추월했다. 중국은 2016년 8월 세계 최초로 양자통신 위성 '모쯔墨子호'를 발사해 미국을 충격에 빠뜨린 바 있다. 2017년 6월에는 모쯔호에서 서로 얽힌 상태에 있는 광자(빛 알갱이) 한 쌍을 1200km 이상 떨어진 지상 두 곳에 각각 보낸 다음, 두 곳의 '양자암호키'를 상호 확인하는 데 성공했다. '양자 얽힘quantum entanglement'은 양자세계에서 하나의 입자에서

쪼개진 두 입자의 상태가 짝을 이루는 상관관계가 있어, 둘을 멀리 떼어놓아도 그 관계가 유지되는 현상을 말한다. 백서인 과학기술정책연구원 과학기술외교정책연구단장은 한 세미나에서 "최근 5년 새 미국에 가장 충격을 준 과학기술 이벤트는 중국의 양자통신 위성 발사라고 본다"라고 평가했다.

바이든 미국 대통령은 2022년 5월 양자기술과 관련해 행정명령을 내렸다. 양자컴퓨터가 발전하면 앞으로 적대국이 상업용은 물론 군사용 암호까지 해독할 수 있을 것으로 보고, 양자컴퓨터도 뚫기 어려운 암호화 기술 개발에 나서도록 한다는 내용이다. 백악관 고위 관리는 "양자기술의 발전은 머지않은 미래의 경제와 안보에 리스크를 초래할 수 있다. 이에 대응하고자 양자컴퓨터도 해독하지 못할 기술표준 개발에 나설 예정"이라고 말했다.

전쟁과 평화 사이의 '회색지대'에서 벌어지는 사이버 공격은 행위자 입장에선 선전포고 없이 상대국을 위협할 수 있는 매력적인 수단이다. 상대국 입장에선 사이버 공격이 물리적 폭력과 인명 살상으로 규정되는 무력 침공이나 테러 행위와 달라 강력하게 응징하기가 어렵다. 그렇다고 사이버 공격 카드를 자주 만지작거린다면 긴장이 고조되는 것은 물론 무력충돌의 가능성도 커진다. 현재 사이버 무기 개발 및 공격·응징과 관련한

국제 협약이나 규범은 전무하다. 마치 미국과 소련이 무분별한 핵개발 경쟁을 벌이던 1950년대의 으스스함이 연상되는 풍경이다. 1961년 쿠바 미사일 위기를 계기로 미소 간 핵실험 제한 협상이 비로소 시작된 것처럼, 사이버 전쟁과 관련한 국제 논의도 비극적 사건이 발생한 뒤에나 진행되지 않을까 싶다.

위성 전쟁

러시아는 2021년 2월 24일 우크라이나 침공을 시작하자마자 전력·통신망 등 사회기반시설에 대한 공격을 단행했다. 이로 인해 우크라이나의 많은 지역에서 인터넷 서비스가 끊겼다. 미하일로 페도로우Mykhailo Fedorov 우크라이나 디지털혁신장관은 이틀 뒤인 26일 일론 머스크 스페이스엑스(스페이스X) 창업자에게 이런 트윗을 날렸다. "당신은 화성을 식민지화하고자 하지만 러시아는 우크라이나를 식민지로 만들려 한다. 당신의 로켓은 우주에서 성공적으로 떨어지지만 러시아의 로켓은 우크라이나 민간인들을 공격하고 있다. 우크라이나에 스타링크 단말기를 제공해달라." 스페이스X가 운영하는 스타링크 위성

인터넷 서비스를 우크라이나에 제공해달라는 요청이었다.

불과 10시간 뒤 머스크는 트위터로 이렇게 화답했다. "스타링크 서비스가 우크라이나에 지금 개통되어 있다. 더 많은 단말기가 이동 중이다." 이후 3월까지 5000개 이상의 스타링크 단말기가 우크라이나에 제공되었다고 한다. 스타링크 서비스가 그렇게 빠르게 이뤄질 수 있었던 것은 스페이스X가 전쟁 발발 몇 주 전 이미 우크라이나 정부에 사업 허가를 요청해놓은 상태였기 때문이다. 페도로우 장관은 트위터를 통해 스타링크에 사업 승인을 통보한 셈이었다.

인공위성과
우주패권

스타링크는 실제로 우크라이나에서 상당한 역할을 하고 있다. 우크라이나 전역을 커버하는 건 아니지만, 러시아의 공세로 인터넷 서비스가 중단된 지역에서 백업으로 활용되고 있다. 우크라이나 시민은 물론 정부와 군도 이용 중이다. 우크라이나군이 드론으로 러시아군을 공격할 때도 스타링크 서비스를 활용했다고 외신은 전한다.

스타링크 사례는 인공위성의 잠재력을 단적으로 보여준다.

스타링크는 저궤도(고도 500~1500km)에 쏘아올린 수천 개의 소형 군집위성에서 전파를 보내 광대역 인터넷·통신 서비스를 제공하는 사업이다. 소형 군집위성이란 수백~수만 개의 위성을 하나의 시스템처럼 운용하는 걸 말한다. 이렇게 하면 특정 지역의 실시간 관측과 전 지구를 대상으로 한 광대역 통신이 가능하다.

스페이스X는 2019년 첫 소형위성을 발사한 것을 시작으로 2022년 7월 현재 약 2700개를 쏘아 올렸으며, 2027년까지 1만 2000개를 발사할 계획이다. 이를 통해 현재 인터넷 접속이 안 되는 지역과 극지방, 해상 등에 서비스를 제공한다. 2021년 3월 현재 미국을 중심으로 약 9만 명의 이용자를 확보했으며, 러시아의 우크라이나 침공을 계기로 미국 바깥에서도 이용자가 늘어날 가능성이 높아졌다.

미중 패권 경쟁이 지구에서 우주로 확장되고 있다. 우주공간은 이제 지구의 일상생활에서 없어서는 안 될 존재가 됐다. 인공위성은 날씨 정보, 위치 정보, 내비게이션, 관측 영상 등 다양한 서비스를 제공하고 있다. 스마트폰의 위치·시간 정보도 여기에 의존한다. 군사적으로도 표적 탐지와 조준, 정찰 영상, 통신 도청 등에 활용된다. 우주산업은 크게 발사체 개발 및 발사서비스와 위성 활용으로 나뉘며, 위성 활용은 다시 방송·통신, 위성항법, 지구관측으로 구분된다. 우주산업의 경쟁력은 우주 국방력과 직결된다. 프랭크 로즈 미국 국가핵안보청NNSA 수석부청장은 한 보고서에서 "우주 기반 자산은 미국의 글로벌 군사력 투사의 핵심 역할을 한다"라고 말했다.[4]

미국의
'뉴 스페이스' 시대

미국에선 과거 정부와 군이 우주개발을 주도했으나, 2015년께 부터 민간이 주도하는 이른바 '뉴 스페이스' 시대로 패러다임 이 바뀌고 있다. '올드 스페이스'가 주로 강대국의 정치적·군사 적 수단으로 이용됐다면, 뉴 스페이스는 이익을 추구하는 민간 의 상업적 수단이 되고 있다. 이런 전환에는 위성 발사 비용의 드라마틱한 감소가 결정적 계기가 됐다. 스페이스X가 처음으 로 2017년 재사용 로켓(팰컨9) 발사에 성공하면서 저궤도 소형 위성 발사 비용이 거의 1/10 수준으로 줄었다. 우주개발 기술 력이 부족한 국가나 스타트업도 우주산업에 대한 접근이 가능 해진 것이다. 장영근 한국항공대 교수는 "예전에 중대형 발사 체에 의한 저궤도 위성 발사 비용이 kg당 1만~2만 달러였는데 2020년 팰컨헤비의 등장으로 1300달러까지 절감됐다"라며

"지난 50여 년 동안 높은 발사 비용이 우주산업 발전의 큰 장벽이었는데 이 비용이 감소하면서 새로운 우주 비즈니스 모델이 창출되고 있다"라고 말했다.

뉴 스페이스 시대에 급성장하는 영역이 바로 저궤도 소형 군집위성이다. 경제적 파급력이 엄청나기 때문이다. 기존의 통신위성이 정지궤도(고도 3만 5786km)에서 서비스를 하는 것과 달리, 저궤도 운용은 지구와 거리가 상대적으로 짧아 데이터 전송속도가 훨씬 빠르다는 강점이 있다. 초고속 인터넷 서비스를 받지 못하는 전 세계 약 40억 명이 모두 잠재적 고객이다. 또한 초연결을 특징으로 하는 4차 산업 시대에 걸맞게 자율주행차, 인공지능 등을 실용화하는 토대가 될 수 있다.

미중 경쟁도 최근 저궤도 소형 군집위성 사업에서 격렬하게 전개되고 있다. 다만 미국의 민간 기술혁신이 워낙 빠르기에 중국이 단기간에 따라잡기는 어려운 양상이다. 브라이스테크의 〈스타트업 우주 2022〉 보고서를 보면, 2012년부터 2021년까지 10년간 소형위성 총 4676개가 발사됐다. 이 가운데 미국이 3241개로 전체의 69.3%를 차지했으며, 이어 영국 421개(9%), 중국 274개(5.9%), 일본 107개(2.3%), 러시아 85개(1.8%) 등의 차례였다. 한국은 21개로 12위에 그쳤다.[5] 미국은 스페이스X뿐만 아니라, 제프 베이조스 아마존 회장이 설립한 블루오리진 등 빅테크 업계도 뛰어들고 있다. 우주산업 스타트업은 2021년 말 350개를 넘은 것으로 추산된다. 스페이스X는 지난 10년간 무려 1944개 소형위성을 발사해 전체의 41.6%를 차지했다. 블루오리진은 2022년 말 프로토타입 위성 발사를 시작으로 3236개의 위성을 발사할 예정이다.

미군은 이런 민간의 혁신을 적극 채용하고 있다. 미 공군은 2019년 말 지휘통제실의 첨단전투관리체계ABMS 1차 테스트에 스타링크 위성통신을 적용했다. 중무장 지상 공격기인 AC-130에 데이터를 전송하는 데 스타링크를 활용한 것이었다. 러시아의 우크라이나 침공에서 보듯이 초기의 대대적인 공습으로 통신 인프라가 파손된다고 해도 미 공군 지휘통제 시스템에는 장애가 생기지 않는 것이다.

중국의
베이더우와 귀왕

중국의 '우주 굴기'도 진도가 상당히 빠르다. 중국은 1996년 대만해협 위기 때 미사일 발사 실패를 계기로 우주개발에 박차를 가한 것으로 알려져 있다. 당시 중국은 대만의 독립 움직임에 경고하고자 대만의 군 기지 인근에 미사일을 발사하는 훈련을 실시했는데, 첫 번째 미사일은 목표물에 명중했으나 두 번째와 세 번째는 실패했다. 이는 미국의 위성항법시스템인 GPS 장애가 영향을 미쳤기 때문이었다고 한다. 위성항법시스템이란 위성으로부터 전파 신호를 받아 지상에서 정지 또는 이동 중인 물체의 위치와 속도 정보를 제공하는 시스템을 말하며, 미사일 발사도 여기에 의존한다. 《사우스차이나 모닝포스트》는 2009년 중국 인민해방군 퇴역 장교의 말을 인용해 "두 번의 미사일 발사 실패는 GPS의 갑작스러운 교란 때문일 수 있다고 나중에 분석되었다. 이것이 인민해방군에는 '잊을 수 없는 치욕'이었으며 어떤 비용을 치르고서라도 독자적인 위성항법시스템을 개발해야 한다고 결심하게 됐다"라고 보도했다.[6]

중국은 실제로 토종 위성항법시스템인 '베이더우北斗' 개발에 박차를 가해 2000년 첫 위성을 발사하고 2007년까지 1단계로 자국 서비스를 시작했다. 이어 2단계로 2012년까지 아시아 지역 서비스를, 2019년까지 총 53기의 위성을 발사해 글로벌 서비스를 시작했다. 이는 미국·유럽·러시아의 시스템 규모를 넘어서는 것이다. 또한 GPS의 오차가 30㎝ 정도인데 견줘 베이더우는 10㎝로, 정확도에서도 앞서는 것으로 평가받는다. 베이더우는 실시간 길 안내와 위치 정보, 단순 메시지 통신 등의 기능을 지원한다.

중국은 미국에 뒤처진 저궤도 소형 군집위성 분야에서는 국영기업 중심으로 대규모 투자에 나서고 있다. 중국은 2018년 저궤도 소형위성을 처음 발사했으며, 2020년에는 우한에 연간 240개의 소형위성을 제작할 수 있는 공장을 설립했다. 국영기업인 중국항천과기집단CASC은 320개의 저궤도 소형 군집위성을 발사할 계획인데, 2023년까지 60개를 발사하고, 2025년에 이를 완료할 예정이다. 2021년 4월에는 국영기업 감독기관인 국유자산감독관리위원회를 통해 저궤도 소형 군집위성을 구축할 중국위성네트워크그룹CSNG을 설립했다. 이곳이 추진하는 중국판 스타링크의 명칭은 '궈왕国网'(국가 네트워크라는 뜻)이다. 궈왕은 총 1만 2992개의 소형 군집위성으로 구성될 예정이다.[7]

중국의 우주개발은 국영기업 주도여서 혁신을 제한하는 한계가 있었으나 2014년부터는 뉴 스페이스 활동도 본격화하고 있다. 중국은 그해 '민간 우주 인프라를 위한 중장기 발전계획'(2015~2025)을 발표하고, 우주산업을 혁신의 중요한 축으로 설정했다. 이후 민간 우주 스타트업들이 탄생해 국영기업의 하위 파트너로 참여하거나 틈새시장을 개척해나가고 있다. 주로 저비용 발사체와 위성 제작, 그리고 저궤도 소형 군집위성 구축에 초점을 맞추고 있다. 2021년 말 기준으로 중국의 우주 스타트업은 150개 이상으로 파악된다.

우주패권의
향배

미중의 우주 경쟁은 앞으로 어떻게 펼쳐질까. 결국은 자금력과 기술력이 관건이다. 현재로선 두 가지 모두에서 미국이 앞선 다. 특히 중국이 재사용 발사체 개발에 뒤처진 점은 상당한 약 점이다. 장영근 교수는 "중국에서도 6~7년 전부터 민간투자가 시작됐지만 아직 미국의 인프라와 비교가 안 된다. 또한 스페 이스X처럼 저비용 발사체도 완전히 성공하지 못한 상태여서 아직은 미국을 따라잡기 어렵다"라고 말했다.

반면, 중장기적으로는 우주산업에서도 중국이 미국을 따라 잡을 것이라는 견해도 만만찮다. 실제로 중국은 2019년 인류 최초로 달 뒷면 착륙에 성공하고, 2021년 화성에 탐사선을 보 낼 정도로 우주 기술에서 괄목할 성과를 내고 있다.

베이징대 국제전략연구원IISS은 2022년 1월 보고서에서 "우주 분야의 우주 운송, 유인 우주비행, 위성항법 및 통신, 우 주탐사 등에서 미국은 단연 앞서 있다"라며 격차를 인정했다. 다만 연구원은 "중국은 미국과의 '기술 디커플링'에 가까운 조건에서도 크고 온전한 기술 시스템을 독자적으로 발전시킬 수 있었고, 미국 대비 시간적으로 지체되고 품질적으로 차이가 있지만 대부분 기술에서 '세대 차이'가 없고 더욱이 개별 프로젝트에서는 동등하다고 볼 수 있다"라고 진단했다.[8]

미국 국가정보위원회NIC는 2021년 7월 〈글로벌 트렌드 2040〉 보고서에서 "2040년까지 중국은 우주 분야에서 미국의 가장 중요한 라이벌이 될 것"이라며 "중국은 미국·유럽과는 다른 독자적 우주 기술 개발의 길을 계속 추구하고, 중국 주도의 우주 활용에 참여하는 외국 파트너들을 갖게 될 것"이라고 예측했다.[9]

디지털 인프라 전쟁

미국 정보기관인 국가안보국NSA 외주직원이었던 에드워드 스노든Edward Snowden은 2013년 내부 기밀문서를 폭로해 큰 파장을 일으켰다. 당시 미 정보기관의 전 세계를 대상으로 한 광범위한 정보 수집과 프라이버시 침해, 그리고 동맹국 정상들의 휴대전화 도청 등 많은 논란거리가 터져나왔다. 그런데 이런 상상을 초월하는 정보 수집 능력은 전 세계가 디지털 네트워크로 조밀하게 연결되어 있기 때문에 가능한 것이었다.

《워싱턴 포스트》가 그해 10월 31일 스노든이 제공한 기밀문서를 토대로 보도한 내용을 보면, 국가안보국은 전 세계에 분산 배치된 구글과 야후의 데이터센터를 연결하는 내부 광통신망을 해킹해 거기에 저장된 고객정보를 통째로 빼냈다. 이렇게 빼낸 데이터가 매일 수백 만 건이었으며, 이는 미국 메릴랜드 포트미드에 있는 국가안보국 본부 데이터저장소로 보내졌다. '머스큘러muscular'라고 명명된 이 작전으로 한 달간 수집한 데이터만 무려 1억8128만466건에 달했다. 전자우편 송·수신자와 시간이 기록된 '메타데이터'는 물론 글·영상·음성 등 세부 내용도 포함되어 있었다.

구글과 야후는 데이터센터의 파손에 대비해 같은 정보를 다른 대륙에 있는 데이터센터에도 복사해 저장해놓고 있다. 이 모든 건 해저케이블로 연결되어 있다. 두 회사는 고객 단말기에서 서버로 오는 과정에서는 정보를 암호화 처리했으나, 이를 데이터센터로 연결하는 부분은 당시까지 암호화하지 않은 상태였다. 국가안보국은 바로 이 지점을 노렸다. 기밀문서에는 데이터 전송 흐름도를 보여주는 '구글 클라우드 이용'이라는 제목의 흥미로운 그림도 있었다. '암호화가 여기서 제거된다'라는 짧은 글과 함께, 구글의 보안을 뚫은 게 자랑스럽다는 듯 웃는 얼굴의 이모티콘도 그려져 있었다.[10] 특파원으로 미국에 머물던 당시에 이 그림을 보고 뒤통수를 한 대 맞은 것 같았다. 보안이 철저하다고 신뢰받던 구글의 지메일을 사용하고 있었기 때문이다.

스노든이 폭로한
디지털 인프라의 가치

스노든 파일은 글로벌 디지털 네트워크의 실체와 그 중요성을 여실히 드러냈다. 우리가 일상적으로 사용하는 스마트폰과 무선 인터넷도 사실은 디지털 인프라에 절대적으로 의존한다. 눈에 보이지 않아 실감을 하지 못할 뿐이다. 이 네트워크는 거대한 경제적 가치를 창출할 뿐만 아니라 정보전 등 안보 전략적 가치도 엄청나다.

미중은 글로벌 디지털 네트워크를 자국 중심으로 만들기 위한 경쟁을 치열하게 벌이고 있다. 이 네트워크를 가능케 하는 핵심 기반시설이 해저케이블과 데이터센터다. 한 국가의 디지털 역량도 이런 인프라를 누가 더 많이 설치·운영하느냐에 달려 있다. 여기에는 막대한 액수의 초기 투자액과 유지비용이 필요해 따라잡기가 쉽지 않다.

해저케이블은 전 세계에 데이터를 전송하고, 데이터센터는 이를 저장하는 구실을 한다. 해저케이블은 국제 인터넷 트래픽의 95% 이상을 전송한다. 위성통신에 견줘 대용량 데이터를 저렴한 비용으로 빠른 속도로 전송할 수 있는 강점을 갖고 있다. 전 세계에 약 400개가 설치되어 있으며, 총길이는 130만km에 이른다. 이를 통해 통신뿐만 아니라, 금융거래도 이뤄지는데 금융 부문에서만 매일 10조 달러 상당의 거래가 이뤄진다.[11]

해저케이블은 19세기부터 강대국들의 세계 지배를 위한 핵심 인프라였다. 대영제국 시절 영국이 1860년대 처음으로 대서양에 구리선으로 된 전신케이블을 설치했다. 1902년에는 대서양·태평양·인도양을 횡단해 캐나다·오스트레일리아·뉴질랜드·인도·남아프리카공화국 등 영연방 국가를 연결하는 해저케이블을 완성했다. 당시 상업적 용도보다는 제국 통치를 위한 전략적 목적으로 활용됐다. 영국은 1890년대 해저케이블 30개를 유지·관리하기 위해 26척의 정비함을 운용했다. 이 정비함은 전시에는 적의 해저케이블을 절단하는 임무도 맡았고, 1차 세계대전이 발발하자마자 독일의 해저케이블을 절단한 것으로 알려져 있다.[12]

냉전 시기에는 미국과 소련이 보안을 위해 군 전용 해저케이블을 운용하며 상대국 해저케이블을 도청하기도 했다. 미국은 1970년대 초부터 오호츠크해에서 소련 해군의 해저케이블을 도청했다. 미 국가안보국은 잠수함을 이용해 해저케이블에 6m 길이의 도청장치를 몰래 설치했다. 거의 매달 다이버들이 120m가량 잠수해서 도청장치를 회수했다. 1980년 소련에 망명한 국가안보국 요원의 폭로가 있기까지 이 작전은 계속됐다.[13] 역사는 반복된다고 했던가. 이 사건이 발생한 지 33년 뒤에 스노든이 훨씬 더 광범위한 도청 실태를 폭로한 뒤 러시아로 망명했다.

현재 세계 해저케이블은 미국과 일본, 유럽이 지배하고 있다. 미국 서브컴이 1위, 유럽 알카텔-루슨트가 2위, 일본 엔이시NEC가 3위다. 중국은 10여 년 전 도전장을 내밀었다. 화웨이 계열사인 화웨이해양이 2009년 이 사업에 뛰어들면서 뉴욕과 런던을 잇는 대서양 횡단 케이블 프로젝트 계약을 따냈으나 2013년 미국 정부의 불승인으로 계약이 파기됐다. 그 뒤엔 미국 경유 케이블 사업에는 참여하지 않고 다른 지역을 탐색하다가 2018년 아프리카(카메룬)와 남미(브라질)를 잇는 케이블을 완성했다. 화웨이는 이를 브릭스(브라질·러시아·인도·중국·남아공)를 연결하는 케이블로 표현하며 자부했다.[14]

같은 해 아시아·아프리카·유럽을 잇는 프로젝트에 나서 파키스탄-아프리카 동부 노선을 2020년 완공했고, 이후 북서쪽으로는 수에즈운하를 거쳐 프랑스로, 동쪽으로는 싱가포르까지 확장했다.[15] 10여 년 만에 미국·유럽에 의존하지 않는 독자적인 해저케이블망을 구축한 셈이다. 이렇듯 화웨이해양은 시장점유율이 10%에 육박하는 세계 4위 업체로 급부상했지만, 미국의 대대적 제재 직후인 2019년 중국 형통광전에 매각되었다.

디지털 실크로드 vs.
클린 네트워크

미중의 클라우드 서비스 경쟁도 가열되고 있다. 클라우드 서비스는 고성능의 초대형 데이터센터에 소프트웨어와 콘텐츠를 저장해두고 필요할 때마다 꺼내 쓸 수 있는 시스템이다. 현대에는 모든 정보가 데이터로 바뀌어 전송·저장되고 이것은 빅데이터·인공지능 등 4차 산업혁명의 밑거름이 된다.

클라우드 서비스 경쟁에서 앞서려면 전 세계에 초대형 데이터센터를 많이 확보하고 있어야 한다. 2021년 기준 전 세계에 약 700개의 초대형 데이터센터가 있는데, 아마존·마이크로소프트·구글 등 미국 3개 업체가 세계시장의 60% 이상을 점유하고 있다. 중국에서는 알리바바가 2009년 처음 이 사업을 시작해 현재 6%의 점유율로 세계 4위에 올라 있다. 다만 이 수치는 알리바바가 중국 시장의 과반을 차지한 데 따른 것으로, 글로벌 시장점유율은 미미한 편이다. 이후 글로벌텐센트·바이트댄스·화웨이 등도 이 분야에 뛰어들어 경쟁하고 있다.[16]

미중의 글로벌 디지털 네트워크 장악 경쟁은 세계패권 경쟁의 일환이다. 중국은 2013년부터 아시아·아프리카·유럽을 육로와 해로로 연결해 경제권을 형성하는 일대일로 정책을 추진하고 있는데, 일대일로 연선국이 60여 나라에 이른다. 이 정책의 핵심축 가운데 하나가 '디지털 실크로드' 프로젝트로, 5G 통신망과 인공위성 기반의 위치 정보시스템(베이더우), 해저케이블, 데이터센터 등 디지털 기반시설을 패키지 형태로 제공한다. 두 나라가 지상(5G·데이터센터)과 해저(케이블), 그리고 우주(위치 정보)를 무대로 경쟁을 벌이고 있는 셈이다. 특히 중국은 제3세계 국가를 대상으로 매력 공세를 펴고 있다.

미국은 중국의 디지털 세력 확장을 차단하고자 전력을 기울이고 있다. 트럼프 행정부는 2020년 4월 5G·클라우드·해저케이블·앱 등 영역을 대상으로 한 '클린 네트워크' 계획을 발표했다. 우방국이나 제3세계 국가가 중국의 디지털 네트워크에 가입하는 것을 막고, 이미 가입한 곳은 계약을 파기하도록 압박하는 작업이다. 미국의 압박은 서유럽 등 전통 우방국들에서는 받아들여지고 있으나 제3세계에서는 한계가 뚜렷하다. 기술력과 함께 저가를 무기로 한 중국산에 견줘 매력적인 대안을 제시하기 어려운 탓이다.

이에 바이든 행정부는 2021년 6월 주요 7개국G7 정상회의에서 '더 나은 세계 재건B3W, Build Back Better World'을 출범시키기로 했다. 개도국에 필요한 40조 달러 규모의 인프라 수요를 돕기 위해 주요 7개국과 이해당사국 및 민간과 손잡고 중·

저소득 국가의 인프라 건설에 수천 억 달러를 투자하는 프로젝트다. 이 사업에는 디지털 인프라도 포함되어 있다. 미국만으로는 힘에 부치니 주요국과 공조해 중국의 세력 확장을 저지하려는 시도다.

팬데믹과
러시아-우크라이나 변수

그러나 미중의 이런 행보는 코로나19 장기화와 러시아의 우크라이나 침공으로 타격을 받고 있다. 중국의 경우 일대일로 핵심 참여국 가운데 하나인 스리랑카가 2022년 4월 디폴트 default(채무불이행)를 선언하고 파키스탄도 경제위기에 처한 상태다. 스리랑카의 채무 가운데 10%가량은 중국으로부터 빌린 것이다. 스리랑카는 이 돈으로 항만을 건설했지만 손실 누적으로 빚을 갚지 못했고, 결국 2017년 중국에 99년 기한으로 항만 운영권을 넘겨주고 말았다. 미국은 이를 두고 '부채의 덫 외교'라며 중국을 비난해왔다. 여기에 코로나19 팬데믹으로 수년째 글로벌 경제 교류가 크게 위축된 데다, 2022년엔 러시아의 우크라이나 침공까지 겹쳐 물가가 폭등하면서 제3세계 국가들이 경제적 곤경에 빠져들고 있는 상황은 중국에 큰 부담이다.

미국도 코로나19 피해를 최소화하기 위해 막대한 재정을 쏟아부은 탓에 재정적 한계에 직면하고 있다. '더 나은 세계 재건' 계획을 발표한 지 1년이 지나도록 확정된 프로젝트가 단 하나도 발표되지 않았다. 주요 7개국이 모두 국내 문제를 해결하기에도 벅찬 상황인 탓이다. 미중이 세계 1·2위 경제대국이긴 하지만 재정적 한계를 뛰어넘는 투자와 경제적 이윤을 창출하지 못하는 프로젝트는 어려움에 봉착할 수밖에 없다. 세계를 무대로 한 미중 간 네트워크 전쟁의 승패는 결국 경제적인 지속가능성을 어느 쪽이 더 확보하느냐에 달려 있는 것으로 보인다.

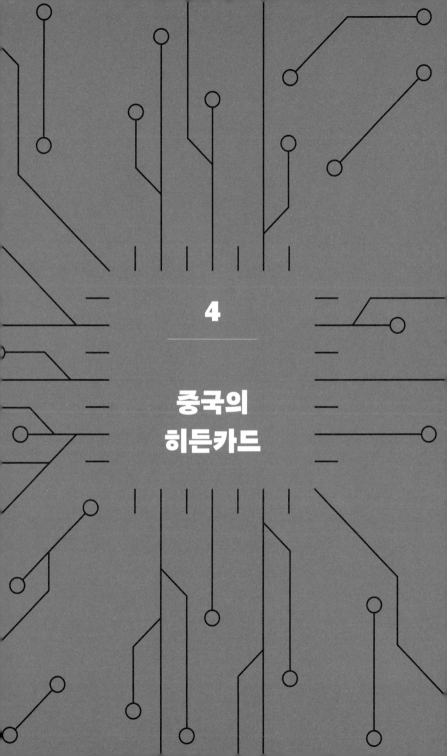

4

중국의
히든카드

중국 개혁·개방의 설계자 덩샤오핑은
1992년 "중동에 석유가 있다면 중국엔
희토류가 있다"라는 말을 남겼다.
전 세계 희토류 생산량의 60%를 차지하는
중국이 언제든 이를 무기화할 수 있음을 과시한
것이다. 30년이 지난 오늘날,
덩샤오핑의 예언은 다른 나라도 아닌
미국을 상대로 현실이 되고 있다.

희토류,
21세기의 금광

2022년은 리처드 닉슨 전 미국 대통령의 역사적인 중국 방문 50주년이었다. 냉전의 절정기였던 1972년 2월 21~28일 닉슨이 중국에 머무는 동안 두 나라는 20여 년간의 적대관계를 청산하고 '하나의 중국' 원칙(중국과 대만은 나눌 수 없는 하나이며 중국 정부는 오직 하나라는 원칙)에 합의하는 '상하이 코뮈니케'에 서명했다. 그러나 반세기가 흐른 2022년 2월 21일의 두 나라는 '세계를 바꾼 한 주'를 자축하는 기념식은커녕 오히려 '핵심광물'이라는 쟁점을 놓고 신경전을 연출했다.

조 바이든 미국 행정부가 2022년 2월 8일 대만에 1억 달러 규모의 패트리엇 미사일 판매를 승인하자, 중국은 21일 이 미사일방어 체계를 생산하는 방산업체 록히드마틴과 레이시온 두 곳에 대한 제재를 발표했다. 중국 외교부는 "미국이 대만에 무기를 판매하는 것은 '하나의 중국' 원칙을 심각하게 위반하는 행위로 두 회사는 반-외국제재법에 따라 제재를 받을 것"이라고 밝혔다. 2021년 6월 발효된 반-외국제재법은 중국 내정에 간섭하는 외국 개인·기업에 대해 중국 내 자산 동결, 중국인과 거래 금지 등의 제재를 부과한다. 중국과 두 방산업체가 무기 거래를 하지 않기 때문에 별다른 제재가 아닌 것처럼 보일 수 있지만 결코 그렇지 않다. 두 방산업체는 중국으로부터 희토류 등 광물을 수입해 첨단무기 생산에 사용하고 있기 때문이다. 반-외국제재법이 엄격히 적용된다면 두 방산업체의 무기 생산에도 차질이 빚어질 것으로 보인다.

"중국이 세계시장을 통제하고 있다"

미국은 2월 21일이 공휴일이었다. 하루 뒤인 22일 미국 백악관은 핵심광물의 미국 내 생산 방안을 발표했다. 바이든 대통령은 러시아의 우크라이나 침공이 임박했던 때라 바쁜 와중에도 이날 에너지부 장관, 국방부 차관과 미국 내 유일한 희토류 생산업체인 MP머티리얼즈MP Materials 대표 등이 참석한 화상회의까지 열었다. 바이든 대통령은 연설에서 리튬·흑연·희토류 등 핵심광물을 언급하면서 "이 광물들은 휴대전화·컴퓨터·가전·전기차·배터리·태양광패널·풍력터빈 등을 구동시킨다. 이런 광물이 없으면 미국은 작동할 수 없다. 그런데 우리는 이런 광물의 거의 100%를 중국·오스트레일리아·칠레 등으로부터 수입하고 있다"라고 지적했다. 그는 "오늘날 중국은 이런 광물의 세계시장 대부분을 통제하고 있다. 우리가 이런 광물을 중국에 의존한다면 '메이드 인 아메리카'라는 미래를 건설할 수 없다"라고 말했다.

미국 정부는 국가 위기 때 군사·산업·민간 필수재에 필요하지만 자국 내에 존재하지 않거나 충분한 양이 생산되지 않는 광물을 핵심광물critical materials이라고 지칭한다. 미국은 35개 광물을 핵심광물로 지정해놓았으며, 여기에서 파생된 원자재까지 포함해 283개를 모니터링한다. 핵심광물에는 희토류와 니켈·리튬·알루미늄·코발트·티타늄·흑연 등이 포함되어 있다.[1] 그중에서도 가장 중요한 광물은 희토류다. 희토류는 네오디뮴 등 17종의 원소를 지칭하는데 부존량이 매우 적어 희토류rare earth라는 이름이 붙었다. 희토류의 독특한 화학적·전기적·광학적 특성이 소재의 기능을 향상시키는 데 탁월한 것으로 알려져 있다.

희토류는 영구자석·연마제·촉매·합금 등에 폭넓게 사용되며, 그중 가장 주목받는 분야는 영구자석이다. 황현수 신영증권 원자재 담당 애널리스트는 "(영구자석을) 사용하는 모터들은 크기가 작고 순간적인 힘이 좋기 때문에 전기차 구동모터나 풍력발전용 터빈의 소형화·경량화를 가능하게 만든다"라고 밝혔다.[2] 이에 따라 전기차와 신재생에너지 분야에서 특히 각광받고 있다.

특히 네오디뮴을 활용한 영구자석은 컴퓨터 하드디스크, 자기공명영상MRI 등 첨단제품뿐만 아니라 첨단무기 개발에도 필수적이다. 미국 의회조사국은 보고서에서 희토류의 군사 응용 분야로 미사일 유도, 항공기·미사일의 디스크 드라이브 모터, 레이저, 위성통신, 잠수함 음파 등을 제시했다. 이를 활용한 첨단무기로는 F-35 스텔스 전투기, 토마호크 미사일, 프레데터 등을 예시했다.[3] 대외경제정책연구원은 보고서에서 "미국 첨단무기의 공급이 본질적으로 중국의 지속적인 희토류 생산에 의존하고 있다는 점은 치명적인 리스크이며, 미중 간 패권 전쟁 발발 시 결과를 가를 키가 될 수 있다고 판단된다"라고 밝혔다.[4]

중국의
선견지명

실제로 미 국방부는 그동안은 이런 위험성에 대해 희토류 재고
를 충분히 확보하고 있다는 식으로 두루뭉술하게 넘어갔는데
2021년 6월 공개한 '공급망 보고서'에서는 미국이 현재 처한
상황을 솔직하게 인정했다. 보고서는 "국가 긴급사태가 발생
할 경우 모니터링하고 있는 283개 광물 중 53개가 공급 부족
에 직면할 가능성이 있다"라며 그 이유로 외국으로부터 광물
공급선 차단을 꼽았다. 보고서에서 지목한 공급 부족 광물에는
영구자석도 포함되어 있다.[5]

현재 미중의 희토류 시장점유율 차이는 현격하다. 미국 지
질조사국 자료를 보면, 2021년 기준 전 세계 희토류 원광 생
산량은 28만 톤이다. 중국이 16만 8000톤(60%)으로 압도적
인 1위이며, 이어 미국 15.4%, 미얀마 9.3%, 오스트레일리아
7.9% 등 순이다. 특히 중국의 영구자석 시장점유율은 87%에
이른다. 국제무역통상연구원은 "중국은 채광, 분리, 추출, 고순
도 완제품 제조 등 희토류 공정 모든 단계의 생산능력을 보유
하고 있다"라고 밝혔다. 반면에 미국은 자국 내에서 채굴된 희
토류 원광을 환경오염과 중간 공정시설 미비로 중국으로 보내

가공하고 있는 실정이다. 미국의 희토류 수입량에서 중국이 차지하는 비중도 약 76%에 이른다.[6] 중국이 없으면 미국의 희토류 생산은 사실상 불가능한 현실을 보여준다.

희토류의 전략적 가치를 먼저 깨닫고 국가 차원의 지원 정책을 편 곳은 중국이다. 중국은 2002년 희토류 수출을 제한하고, 외국인의 희토류 광산 투자를 금지했다. 2010년부터는 수출 쿼터를 급격히 축소했다. 도널드 트럼프 대통령이 2019년 5월 화웨이에 반도체 공급을 제한하는 등 제재를 본격화하자 시진핑 중국 국가주석은 장시성에 있는 희토류 생산·가공업체를 방문해 "중요한 전략적 자원"이라고 강조했다. 관영매체들은 이 발언이 희토류 수출제한 가능성을 시사한 것으로 해석했다. 2020년에는 미국의 기술수출 제한에 대응할 법적 근거를 마련하고자 수출통제법을 제정했으며, 2021년 6월에는 반-외국제재법까지 발효했다. 이어 반년이 지난 12월에는 중국 내 국영 희토류 기업들을 합병해 세계 최대 희토류 국영기업인 중국희토그룹유한공사를 설립했다. 이 회사의 최대주주는 중국 국무원 산하 국유자산감독관리위원회다. 희토류 시장을 당국이 통제하려는 의도로 해석된다.

미국의
뒤늦은 깨달음

1952년 캘리포니아주 마운틴 패스 광산에서 희토류 채굴을 시작한 미국은 1960~1980년대에는 세계 최대의 희토류 생산국이었다. 그러나 환경문제와 중국의 저가 공세 등으로 2002년에 자국 내 채굴을 중단했다. 2010년 센카쿠열도(중국명 댜오위다오) 분쟁은 희토류의 전략적 가치를 일깨우는 계기가 됐다. 당시 중국이 희토류를 무기로 활용했기 때문이다. 이후 2017년 MP머티리얼스는 마운틴 패스 광산을 인수해 2018년부터 생산을 재개했다. 바이든 대통령은 2022년 2월 발표한 핵심광물 대책에서 영구자석 공급망의 모든 단계를 미국 내에 구축할 것이라고 밝혔다. 이를 위해 MP머티리얼스는 2024년까지 7억 달러를 투자할 예정이며, 미국 정부도 3500만 달러를 지원한다.

그러나 핵심광물을 개발하는 데는 최소 10년 이상의 긴 시일이 걸린다. 그 밖에도 막대한 자금 소요와 기술적 어려움으로 개발에 성공할 확률은 매우 낮다. 미 국방부가 작성한 공급망 보고서를 보면, 2011년 30개국의 180개 기업이 추진한 275개 희토류 개발 프로젝트 중에서 2021년 4월 현재 2개 프로젝트만이 생산 단계까지 진입했으며, 다른 2개는 시험생산 단계에 있다. 지난 10년간 성공 확률이 불과 1.5%밖에 되지 않는다는 얘기다. 이는 미국이 희토류 개발에 적극 나서더라도 상당 기간 중국에 의존할 수밖에 없을 것이라는 점을 말해준다.

19세기 증기기관의 연료는 석탄, 20세기 내연기관의 연료가 석유였다면, 21세기 디지털 기술과 신재생에너지의 연료는 희토류를 비롯한 전략광물이다. 이를 확보·통제하려는 미중의 경쟁은 양보할 수 없는 각축전이 될 것으로 보인다.

전기차 전쟁

코로나19의 발생이 공표되기 직전인 2019년 12월 말 중국 상하이를 취재차 방문했다. 미중 기술패권 경쟁의 현장을 전하는 신년특집 기사를 쓰기 위해서였다. 그때만 해도 상하이에서 본 미국 전기차 회사 테슬라의 현지 공장은 두 나라 기술 협력의 잠재력을 상징하는 듯했다.

테슬라의 첫 국외 공장인 '기가팩토리3'은 상하이 시내에서 남쪽으로 자동차로 2시간가량 걸리는 곳에 있었다. 자유무역 시험구인 린강신臨港新구역에서도 지방도로를 한참 달려야 했다. 공장 근처에 이르니 컨테이너를 실은 대형 화물차들이 많이 오가는 것을 볼 수 있었다. 세계 최대 자동화 컨테이너 항만인 양산항이 인근에 있음을 알리는 표지판도 보였다. 테슬라 공장은 허허벌판에 덩그러니 세워져 있었다. 주변은 가을걷이가 끝난 논밭뿐이었다. 논밭 사이로 난 좁은 길을 따라 첨단 자동차를 실은 운반차가 나가는 장면은 기묘했다.

테슬라와 중국의 '윈윈'

"'우리가 힘을 집중하기만 하면 무슨 일이든 이룩할 수 있다'는 것을 상징적으로 보여줍니다." 상하이시 공무원은 영문으로 테슬라라고 크게 새겨진 공장을 가리키며 이렇게 말했다. 그의 얼굴엔 자신들이 자랑스러운 일을 해냈다는 표정이 역력했다. 통역자는 중국 공무원들이 새로운 정책을 시행해 큰 성과를 일궈냈을 때 이런 표현을 쓴다고 했다.

자랑스러워할 만했다. 연산 50만 대 규모의 이 공장은 2019년 1월 기공식을 한 지 1년도 채 되지 않아 전기차 '모델3'을 처음 생산하고 양산에 들어갔다. 중국 정부가 행정절차를 빠르게 하는 등 전폭적인 지원을 해줬기 때문에 가능한 일이었다. 중국 정부는 처음으로 지분 100% 투자를 할 수 있도록 허용하고, 테슬라 전기차에 대해 소비세 10% 면제 혜택도 줬다.[*]

테슬라는 미국 캘리포니아 공장에서 잦은 생산 차질로 전기차 출고에 문제가 생기자 2018년 중국 공장 설립을 결정했다. 테슬라는 2019년 주주들에게 보낸 서한에서 "상하이 공장 건설비용은 미국 모델3 생산라인에 견줘 65%나 적게 들었다"라고 밝혔다. 《CNN》은 중국 기업분석가를 인용해 인건비와 유럽·아시아 시장과의 접근성 등을 고려하면 전기차 생산단가를 미국 공장에 견줘 20~28% 감축할 수 있을 것으로 예측했다. 일론 머스크 테슬라 창업자는 상하이 공장에 대해 "미래 성장을 위한 템플릿(본보기)"이라고 말했는데, 미중 패권 경쟁 외중에 내린 그의 선택은 비즈니스 측면에서만 보면 매우 '합리적'이라는 생각이 들었다.

이 공장의 성공적인 출발은 중국식 국가 주도 자본주의의 앞길에도 적잖은 시사점을 던져준다. 린강신구역은 그 성공 여부를 가늠할 수 있는 리트머스 시험지다. 시진핑 국가주석은 2018년 11월 상하이에 '3대 임무'('중국판 나스닥' 커촹반 출범, 자유무역시험구 확대, 장강 삼각주 일체화)를 부여했는데 그 가운데 하나다. 상하이시는 2013년 처음 자유무역시험구(총면적

---

* 　중국 정부는 외국 기업이 중국에 공장을 설립할 때 통상 지분의 절반가량을 중국 기업에 넘길 것을 요구한다. 테슬라는 공장 지분 전체를 인정받고 중국에 진출한 예외적 케이스다.

120.7km^2)를 설립한 데 이어, 불과 몇년 지나지 않아 거의 같은 규모로 린강신구역(119.5km^2)을 추진했다. 중공업 지대인 이곳을 반도체와 인공지능, 바이오의약, 신재생에너지 자동차(전기차) 등 신산업단지로 전환해 자유무역시험구를 확대해나가는 전략인 셈이다. 이 시험구에는 자율주행 자동차를 도로에서 직접 시험해볼 수 있는 시설도 잘 갖춰져 있었다. 상하이시 공무원은 "자유무역시험구가 역사적 사명을 다하지 못했다는 반성에서 만들어졌으며, 국가 전략 차원에서 급가속하고 있다"라고 말했다.

자동차 후진국에서
전기차 선도국으로

중국은 현재 세계 최대 전기차 생산국이자 판매시장으로 발돋움했다. 기업으로서는 테슬라가 세계 최고지만 시장은 중국이 세계 최대다. 세계 전기차 시장에서 차지하는 비중이 40%를 넘는다. 하나금융투자의 집계에 따르면, 2021년 중국의 전기차 판매대수는 299만 대로 미국(67만 대)의 4.5배에 달했다. 신차 판매량에서 전기차가 차지하는 비중은 미국이 4.5%인 반면에 중국은 14.8%나 된다.[7] 여기서 전기차는 순수전기차BEV

와 플러그인 하이브리드차PHEV를 합한 것으로 하이브리드차 HEV는 제외한 것이다. 순수전기차는 배터리와 전기모터만으로 구동하는 차를 말하는데 중국이 주력으로 삼고 있다. 하이브리드차는 화석연료를 사용하는 내연기관과 엔진출력을 보조하는 모터를 함께 적용한 차를, 플러그인 하이브리드차는 외부 충전이 가능한 배터리를 이용한 전기모터를 주 동력원으로 하고 내연기관은 보조 역할을 맡아 운행하는 차를 말한다.

중국은 산업 고도화, 대외 원유 의존도 완화, 탄소중립 등을 위해 2008년부터 정부 주도로 전기차 산업을 발전시켜왔다. 특히 2016년 '신에너지차 크레디트 제도'를 도입했는데, 이는 자동차 제조사들에 일정 비율 이상의 전기차 판매를 의무화한 제도다. 중국 정부는 이 비율을 2019년까지 10% 이상으로 맞추도록 했다. 중국의 전기차 시장은 도입 단계를 넘어 이제 성장 초기 단계에 진입한 것으로 평가된다. 중국 정부는 전기차 보조금을 2022년 말까지 단계적으로 폐지하기로 했는데, 이는 보조금을 주지 않아도 시장이 형성되는 단계에 들어섰음을 말해준다.

현재 중국 내 전기차 시장은 전기차 전문, 기존 완성차, 빅테크 등 많은 업체들이 진출해 있다. 중국 토종의 최대 전기차 업체는 배터리 제조사에서 출발한 비야디BYD다. 비야디는 중국

내 시장점유율 1위 자리를 놓고 테슬라와 자웅을 겨루고 있다. 여기에 샤오펑·니오·리오토 등 3개 스타트업이 전기차 전문 신흥 브랜드로 떠오르면서 시장에 혁신을 일으키고 있다. 니오는 전기차 원가에서 가장 비중이 높은 배터리 비용을 구매가에서 제외해 가격을 대폭 인하하는 한편, 일정 금액을 내고 배터리를 구독(임대)하게 하는 비즈니스 모델을 선보였다. 또한 상하이자동차·창청자동차·광치·지리 등 기존 자동차업체들도 전기차 시장에 본격 진출했다. 여기에다 바이두·샤오미·화웨이 등 빅테크 대기업까지 뛰어들어 2023~2024년께 전기차를 출시할 예정이다. 가히 춘추전국시대라 부를 만하다.

중국 정부는 2020년 발표한 '신에너지차 산업발전 계획안'에서 신차 판매량에서 전기차가 차지하는 비중을 2030년 30%, 2035년 50%까지 확대하기로 했다. 기존 내연기관 자동차 중에서 전기모터를 활용하는 하이브리드차 비중 역시 2025년 50%, 2030년 75%, 2035년 100%로 높이기로 했다. 이로써 2035년에 순수 내연기관 자동차는 중국 시장에서 사라지게 된다.

미국의 추격

반면 미국의 대응은 상당히 뒤처진 편이다. 트럼프 행정부 때까지 정부의 지원 정책이 제한적이어서 전기차 인프라가 미흡한 데다 미국 소비자들의 자동차 선호도가 독특한 점도 한 원인이 됐다. 전기차 충전기는 2022년 초 기준으로 중국이 260만 개인 데 비해 미국은 13만 개에 불과하다. 미국 소비자들은 대형차와 장거리 주행이 가능한 자동차를 선호하는 데다, 최근 몇 해 동안 저유가가 이어지면서 굳이 전기차로 넘어갈 유인이 없기도 했다.

미국도 뒤늦게 발동이 걸렸다. 바이든 대통령은 2021년 취임 직후에 전기차 충전소를 2030년까지 50만곳으로 늘리겠다는 계획을 발표했다. 또한 전기차 구매 보조금을 최대 7500달러에서 최대 1만2500달러로 늘려주기로 했다. 이를 통해 2030년까지 신규 승용차 판매에서 전기차가 차지하는 비중을 50%로 높일 계획이다. 그러나 아이엔지ING 그룹은 분석보고서에서 배터리 가격, 충전소 설치, 전기 밴·스포츠실용차SUV의 출시, 전기차 구매 보조금 지급 지속 여부 등을 주요 변수로 꼽으며 "2030년까지 전기차 비중이 34% 수준으로 목표치에는 못 미칠 것"이라고 내다봤다.[8]

미국의 산업은 정부 주도보다는 민간 기업이 얼마나 적극적으로 나서느냐에 따라 성패가 좌우된다. 미국의 전통 자동차 업체들도 몇 년 전부터 전기차 사업에 나섰지만, 아직은 테슬라를 따라가지 못하고 있다. 2021년 미국 전기차 시장에서 테슬라의 점유율은 70%를 넘는다. 지엠GM과 포드는 2021년 하반기부터 대규모 투자계획을 발표하며 본격적인 추격전에 나섰다. 지엠은 2025년까지 350억 달러를 전동화·자율주행 부문에 투자해 30종 이상의 전기차를 출시할 예정이라고 밝혔다. 포드는 2년 내 전기차 생산능력을 연간 60만 대 수준으로 끌어올려 테슬라에 이어 세계 2위 전기차 제조사가 되겠다는 포부를 밝혔다. 포드의 주력 전기차 모델인 머스탱 마하-E는 2021년 미국 시장에서 테슬라 모델Y·모델3에 이어 세 번째로 많이 팔렸다. 두 회사가 막대한 투자능력과 대량생산 노하우를 기반으로 전기차 사업에 나서면서 미국 전기차 시장도 성장의 전기를 마련한 셈이다.

전기차 시장은 앞으로 10년 이상 급성장할 가능성이 높은 만큼 경쟁은 이제 시작이다. 짐 팔리 포드 대표이사는 2022년 2월 투자자들과의 모임에서 "118년이나 된 포드 같은 회사가 이런 전환적인 시기에 승자가 될 것이라는 데 많은 이들이 회의적이라는 걸 잘 알고 있다"라면서도 대량생산과 단가 인하 노하우를 전기차 생산에 적용한다면 승산이 있다고 자신했다. 그는 "긴 여정이 이제 막 시작됐다"라고 말했다. 그의 말처럼 미중 전기차 경쟁은 이제 서막이 올랐을 뿐이다. 다만, 전기차-

배터리–소재라는 전기차 생태계를 갖춘 데다 생산비용이 20%
이상 낮은 중국 자동차회사들과의 경쟁에서 미국 업체들이 얼
마나 경쟁력이 있을지는 두고 볼 일이다. 장기전이 예상되는
미중 패권 경쟁은 국력이 뒷받침되어야 하는 만큼 미래 산업경
쟁력의 다툼이기도 하다. 자동차는 부품산업과 고용·금융 등
전후방 연관 효과가 매우 큰 산업인데, 전기차는 두 나라의 산
업경쟁력을 가늠하는 바로미터가 될 수 있다.

배터리,
21세기의 석유

오바마 미국 행정부 말기인 2016년, 미중 기업 간에 아프리카 콩고민주공화국의 코발트 광산을 사고파는 거래가 있었다. 당시에는 큰 관심을 끌지 못했지만 불과 몇 년 지나지 않아 미국이 땅을 치며 후회한 거래였다. 당시 미국 광산기업 프리포트 맥모란은 콩고에 소유하고 있던 2개의 대규모 코발트 광산을 중국 기업 뤄양롼촨무예洛阳欒川鉬業, China Molybdenum에 매각했다. 이 중국 회사는 지방정부가 지분 25%를 소유해 중국 당국과도 관련이 있는 곳이다. 콩고는 세계 코발트 매장량의 70% 이상을 보유한 나라로, 중국은 이 거래로 세계 코발트 시장을 사실상 지배하는 위치에 서게 됐다.

미국이 나중에 후회한 것은 코발트가 전기차 리튬이온배터리(이차전지)에 없어서는 안 될 필수 원자재이기 때문이다. 미국이 전략물자인 코발트의 중요성을 몰랐다기보다는, 당시만 해도 중국과의 패권 경쟁이 이렇게까지 진행되리라는 걸 짐작하지 못한 게 아닐까? 어떻든 세계 최대 전기차 배터리 회사인 중국 시에이티엘CATL(중국명 닝더스다이)은 2021년 4월 이 코발트 광산 지분 25%를 취득해 안정적인 원자재 공급처를 확보했다.

소재-배터리-전기차
생태계를 구축한 중국

《뉴욕 타임스》는 2021년 11월 탐사보도에서 "이 광산은 냉전 시기 옛 소련의 전략물자 확보를 저지하기 위해 아이젠하워·닉슨 행정부 시절 대통령과 중앙정보국CIA까지 나서서 미국이 소유권을 얻은 곳들인데 후대 행정부들이 이를 보호하는 데 실패했다"라며 "두 광산의 매각은 재생에너지 혁명의 변화하는 지정학을 잘 보여준다"라고 지적했다. 이 신문은 또 "중국의 배터리 원자재 지배는 미국 디트로이트의 내연기관차가 언젠가는 사라지게 되고, 앞으로 중국이 20세기 중동 산유국들이 했던 방식으로 미국의 자동차 산업을 지배할 것이라는 두려움을 갖게 한다"라고 탄식했다.[9] 미국의 자동차 소비자들이 20세기에 중동의 석유에 의존했다면, 앞으로는 중국산 배터리에 목을 매야 할 수도 있다는 경고다.

CATL은 중국과학원 물리연구소 박사 출신인 쩡위췬曾毓群이 2011년 창업한 회사다. 2017년 세계 시장점유율 1위에 오른 뒤 2021년까지 5년째 정상을 지키고 있다. 이 회사가 급성장한 데는 중국 당국의 지원이 큰 힘이 됐다. 중국 정부는 2016년 중국 업체가 생산한 배터리를 탑재한 전기차를 구매한 소비자에게만 보조금을 지급하도록 규정을 바꿨다. 한국 배터리 업체들이 보조금 지급 대상에서 배제되자 중국 업체들이 성장의 기회를 잡았다. 미국 지엠도 중국 시장에 전기차를 판매하기 위해 배터리 제조사를 LG에서 CATL로 바꿨다.

내연기관차의 경쟁력이 엔진에 달려 있다면 전기차의 핵심은 배터리다. 전기차 생산원가의 40%를 차지할뿐더러 주행거리까지 좌우하기 때문이다. 그리고 배터리의 핵심 소재인 양극재에는 중국이 공급을 장악한 코발트가 필수다. 요컨대 중국은 '소재-배터리-전기차'라는 생태계를 완벽히 구현하며 전기차 시대를 주도하고 있는 것이다.

미국의
'배터리 쇼크'

오늘날 전기차 배터리 시장은 '한중일 삼국지'다. 배터리 분야는 일본 소니가 1991년 처음 상용화해 소형 전자기기에 탑재하면서 선두를 달렸으나 2006년 노트북 발화 사고를 계기로 한국 업체들이 기회를 잡았고, 최근엔 중국이 두각을 나타내고 있다. 시장조사업체 에스엔이SNE리서치 자료를 보면, 2021년 세계 전기차용 배터리 시장점유율은 CATL이 32.6%로 1위를 차지했으며, 이어 LG에너지솔루션 20.3%, 일본 파나소닉 12.2%, 비야디 8.8%, SK온 5.6%, 삼성SDI 4.5% 순이었다. 상위 10개 가운데 중국 업체가 5곳이나 된다. 이는 2021년 중국 전기차 시장이 급성장한 데 따른 것으로 보인다.

　중국 시장을 제외한 글로벌 시장점유율로 보면, LG에너지솔루션이 36.5%로 1위이며, 파나소닉이 24%, CATL이 12.9%다. CATL은 중국을 제외한 글로벌 시장에서 2020년 5위에서 이듬해 3위로 올라섰다. 반면 미국 배터리 업체들은 10위권에서 이름을 찾을 수 없다. 국내 배터리 업계의 한 관계자는 "미국은 트럼프 행정부 때 투자를 거의 하지 않아 기회를 놓친 측면이 있다"라고 말했다.

전기차 배터리는 한 번 쓰고 버리는 일차전지와 달리 재충전이 가능한 이차전지다. 이 배터리는 양극재·음극재·분리막·전해질의 4대 소재로 구성되며, 이 소재를 만드는 데 쓰이는 핵심 원자재가 니켈·망간·코발트·철·흑연 등이다. 배터리 공급망은 크게 원자재의 채굴·가공, 소재 제조, 셀·모듈·팩 제조 등 3단계로 나뉜다. 중국은 이 공급망 가치사슬의 각 단계를 모두 보유한 유일한 나라다. 4대 소재 세계 시장점유율 역시 50%를 넘는다. 중국도 일부 원자재는 수입하고 있으나 이를 가공하는 설비는 압도적이다. 코발트의 경우 콩고에서 수입해 가공하는 데 가공 점유율이 70%를 넘는다. 리튬도 원광의 39%는 오스트레일리아, 26%는 칠레에서 채굴되지만 가공은 중국이 세계의 61%를 차지한다.

한국과 일본은 원자재 채굴·가공을 제외한 나머지 단계를 보유하고 있다. 미국은 양극재 생산 점유율이 1%에 그치는 등 4대 소재의 생산이 미미한 수준이다. 결국 배터리를 수입할 수밖에 없는 처지다. 한국무역협회 조사 결과를 보면, 2020년 미국의 국가별 배터리 수입 비중은 중국이 43.4%이며, 한국 19.5%, 일본 13.2%다.

미국이 믿는 구석,
한미일 합작과 테슬라

바이든 대통령이 2021년 취임하자마자 담당 부처에 실태를 파악해 보고하도록 한 4대 전략 산업의 '공급망 검토 보고서'에 배터리가 들어간 데는 이런 이유가 있다. 미 에너지부는 2021년 6월 보고서에서 배터리 가치사슬 중 원자재 가공과 배터리 소재 생산능력 부족을 가장 큰 위험요소로 꼽으면서 "연방정부가 신속하고도 조직화된 행동에 나선다면 미국이 글로벌 배터리 시장의 선두 자리를 차지할 기회는 여전히 열려 있다"라고 밝혔다. 에너지부는 전기차 수요 촉진과 원자재 공급 강화, 소재 국내 생산, 인력·기술 투자 등을 권고했다. 바이든 대통령이 그해 11월 서명한 인프라법에는 배터리 산업 육성을 위한 60억 달러 규모의 예산이 포함됐다.

미국 자동차 업체들도 한국·일본 업체들과 배터리 합작 공장 건설을 잇따라 발표하고 있다. 지엠은 2021년 12월 포스코케미칼과 미국에 양극재 합작 공장을, 2022년 1월에는 LG에너지솔루션과 배터리 합작 공장을 짓는다고 발표했다. 완성차 업체가 배터리 업체는 물론이고 소재 업체와도 직접 손을 잡고 '배터리 내재화'(자동차 회사가 배터리 직접 개발·생산)에 나선 것이다. 포드는 2021년 9월 SK이노베이션과 미국에 합작 공장을 짓는다고 발표했다. 2014년부터 파나소닉과 손잡고 있는 테슬라는 2019년에는 배터리셀 기술을 보유한 맥스웰 테크놀로지를 인수한 뒤 자체 배터리셀 시험생산라인까지 구축했다. 코트라는 보고서에서 "테슬라의 신형 배터리는 에너지 효율이 5배 늘고 주행거리가 16% 증가하며 생산비용을 56%가량 절감 가능한 것으로 알려져 있다. 테슬라는 배터리 가격을 최대한 낮춰 내연기관차와 비슷한 가격대의 차량을 만들 계획"이라고 전했다.[10]

미국의 중국 추격은 성공할 수 있을까. 객관적인 지표로 보면 단기간에 따라잡는 건 쉽지 않아 보인다. 중국은 가격경쟁력을 갖춘 데다 내수시장을 통한 규모의 경제를 확보해나가는 초입 단계까지 와 있다. 기술력도 최근 10년간 연구개발에 집중 투자해 한국을 넘보는 수준까지 와 있다. 한국은 전통적으로 니켈·코발트·망간NCM 등을 원료로 쓰는 삼원계 배터리에 주력해왔는데, 중국은 리튬인산철LFP 배터리 기술로 치고 들어왔다. 삼원계는 에너지 밀도가 높아 주행거리가 길고 부피가 작은 강점이 있으나 상대적으로 가격이 비싸고 화재 등 안전성 리스크가 있다. 반면에 철과 인산으로 구성된 리튬인산철 배터리는 주행거리는 짧지만 가격이 저렴하고 삼원계보다 안전하다는 평가를 받는다.

미국 쪽은 테슬라라는 세계 최고의 전기차 회사가 배터리 개발에까지 나서고 있는 점에 희망을 걸 수 있다. 완성차 업체들이 한국 배터리 및 소재 업체들과 합작으로 얼마나 성과를 낼 수 있는지도 관전 포인트다. 정부 차세대전지 성장동력사업단 기술총괄을 맡았던 이차전지 전문가 박철완 서정대 교수(자동차학과)는 "중국이 탄탄한 내수시장이 있는 데다 해외 진출도 시작했다. 2025년까지 봤을 때 여전히 중국이 세계 1위로 갈 가능성이 크다"라고 말했다. 다만 그는 테슬라가 전기차 분야에서 궤도에 올랐고, 합작사인 파나소닉은 배터리 기술력으로는 세계 최고라고 평가하면서 "테슬라가 파나소닉과 개발한 중대형 원통형 배터리가 2022년 출시되는데 이 제품이 앞으로 3~4년 안에 태풍의 핵이 될 수 있다"라고 내다봤다.

바이든 행정부가 중국 배터리 업체들에 무역 장벽을 세우고 있는 점도 변수다. 2022년 8월 미국 의회를 통과한 '인플레이션 감축법'에는 중국산 배터리 탑재 전기차를 보조금 지급 대상에서 제외하는 조항이 담겨 있다. 이 법은 전기차 1대당 최대 7500달러(약 1000만 원)의 지원금을 제공하는 대신 2024년부터 북미 현지에서 생산된 전기차여야 한다는 엄격한 조건을 걸었다. 또한 배터리에 미국 또는 미국과 자유무역협정FTA을 맺은 국가에서 채굴·제련한 원자재를 2023년부터는 40% 이상, 2027년부터는 80% 이상 사용하도록 하고 있다. 사실상 중국산 배터리를 탑재한 차는 미국 대륙에서 달리지 못한다는 얘기다. 미국의 뒤늦은 추격이 성공할지 주목된다.

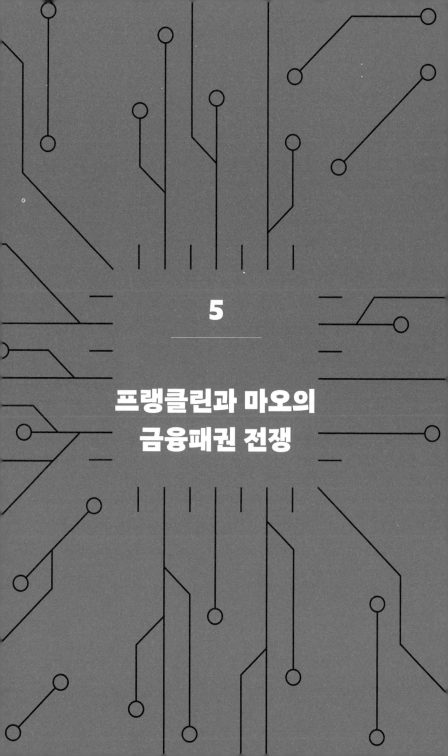

5

프랭클린과 마오의
금융패권 전쟁

달러는 지구 자본주의의 혈관을 흐르는
피와 같다. 무역결제와 금융거래의 대부분은
세계 금융권력의 심장부인 뉴욕을 거쳐야 한다.
전 세계의 돈과 정보가 뉴욕으로 몰리는
까닭이며, 모든 나라가 미국의 눈 밖에 나지
않으려고 전전긍긍하는 까닭이다.
이 돈줄을 쥐지 않고서는 세계패권을 넘볼 수
없다. '디지털 위안화'는 달러의 헤게모니를
넘보는 중국의 승부수가 될 수 있을까?

달러의 무기화

― 양날의 검

중국 최대 인공지능AI 업체 센스타임은 2021년 12월 미국 재무부로부터 청천벽력 같은 소식을 들었다. 재무부가 중국 신장 위구르 자치구 내 인권유린과 관련된 투자제한 블랙리스트에 센스타임을 등재한 것이다. 이 회사의 홍콩 증시 신규 상장을 불과 일주일 앞둔 시점이었다.

이 소식이 알려지자 애초 기업공개IPO에 '코너스톤(초석) 투자자'로 참여하기로 했던 기관투자자 9군데 중 4곳이 참여를 거부했다. 일부는 미국 투자기관이 아님에도 미국의 제재를 우려해 빠져나갔다. 홍콩의 코너스톤 투자자 제도는 기관투자자가 기업공개 전 공모가를 모르는 상태에서 공모주를 장기투자하기로 하고 배정을 확약받는 투자계약을 말한다.

그러나 센스타임은 미국의 '방해'에도 불구하고 홍콩 증시 상장에 성공했다. 공모가는 당초 희망범위의 하단인 3.85홍콩 달러(약 594원)였다. 센스타임은 이 기업공개 공모에서 15억 주를 새로 발행해 57억7500만 홍콩달러(약 8900억 원)의 자금을 조달했다.

센스타임이 무사히 상장할 수 있었던 데는 중국 정부의 도움이 컸다. 상하이인공지능펀드 등 정부의 전략산업 육성 펀드와 여러 국유기업이 애초 계획보다 더 많은 물량을 배정받거나 새로 참여한 것이다. 이에 힘입어 계획했던 공모가 희망범위와 신주 발행 규모를 그대로 유지할 수 있었다.

센스타임은 2021년 12월 21일 "(센스타임 주식은) 미국증권법 등 미국의 법률에 따라 등록하지 않을 것이며, 미국 내에서 거래되지도 미국 투자자들에게 팔리지도 않을 것"이라고 밝혔다. 미국 시장과 연결되는 걸 차단함으로써 혹시나 미국의 제재에 노출될까 우려하는 투자자들을 안심시키려는 것이다.

매사추세츠공대MIT 출신 탕샤오어우湯曉鷗가 2014년 설립한 센스타임은 세계 최고의 안면인식 기술 보유 업체로 이번에 조달한 자금을 대부분 인공지능 연구개발에 투자할 계획이다. 애초 상장을 통해 약 20억 달러를 조달할 계획이었던 이 회사는 미국의 계속되는 제재와 중국 당국의 빅테크 규제 등의 여파로 중국 첨단기술 기업의 주가가 하락 압력을 받으면서 공모 규모 자체를 줄인 상태였다. 그렇지만 이 공모 성공은 중국 기술 기업이 미국의 제재 속에서도 시장에서 자금을 조달할 수 있다는 점을 상징적으로 보여준 사례다.

제재의 진화와
달러의 무기화

트럼프 행정부가 2018년 중국 첨단기술 기업에 대한 제재의 포문을 연 이래 제재 대상 기업은 2022년 현재 200개 이상으로 늘었다. 2018년 반도체 기업 푸젠진화를 안보 위협을 명분으로 처음 제재 대상에 올린 미국은 2019년 화웨이를 타깃으로 전방위적 공세를 시작하게 된다. 중국 군산복합체 기업과 신장위구르 자치구 인권유린에 이용된 기술 기업 등이 주요 표적이었다. 제재 대상 분야는 반도체·5G·인공지능·원자력·클라우드컴퓨팅·데이터·드론 등 대부분 4차 산업혁명 관련이다. 바이든 행정부 들어서도 보안감시·바이오테크·슈퍼컴퓨터 등으로 제재 대상을 확대하고 있다.

제재는 외교와 군사개입의 중간적 성격을 띠고 있다. 목표는 모두 상대국의 행동을 바꾸려는 것인데, 막상 외교는 어딘가 불충분하고, 군사개입은 너무 위험하기 때문에 제재를 동원한다. 제재는 또한 효과가 어떻든 간에 자국 국민들에게 정부가 뭔가를 하고 있다는 인상을 줄 수 있어 안성맞춤이다.

미국은 1950년대부터 제재를 외교정책의 한 수단으로 사용해왔지만, 오늘날에는 금융제재가 외교정책의 핵심으로 자리 잡았다. 금융제재는 크게 세 차례의 사건을 계기로 '진화'했다. 첫 번째는 2001년 9·11 사태다. 미국은 사상 처음 본토가 공격당하자 애국법을 제정해 테러조직과 연루된 기관을 '자금세탁 우려' 기관으로 지정해 제재를 할 수 있는 근거를 도입했다. 이때 재무부가 범죄를 입증하지 못하더라도 지정할 수 있는 길을 튼 것이다.

두 번째는 2010년부터 북한·이란의 핵개발을 저지하기 위해 사용한 이른바 '2차 제재'다. 1차 제재는 제재 대상자와의 거래제한을 미국인들에게만 한정하지만, 2차 제재는 미국이 아닌 다른 나라 사람들에게도 적용하는 것을 말한다. 외국인이 1차 제재 대상이 된 사람과 거래를 할 경우 2차 제재 대상이 되는데, 민형사상의 직접 처벌을 받지는 않지만 미국 금융시장 접근이 거부되기 때문에 사실상 제재 효과가 발휘된다. 2005년 북한이 은행계좌를 갖고 있는 마카오 소재 방코델

타아시아BDA은행에 이 제재를 처음 도입해 효과가 입증되자 2010년 이란 제재부터 본격 적용했다. 후안 자라테Juan Zarate 전 백악관 국가안보 부보좌관은《재무부의 전쟁Treasury's War》(2013)에서 "중국 은행들도 당시 방코델타아시아은행의 북한 계좌를 동결했다. 중국 은행들도 미국의 금융시스템 접근이 필수적이기 때문에 사실상 미 재무부의 조치에 따라 움직일 수 있다는 교훈을 얻었다"라고 밝혔다.[1]

세 번째는 2017년 트럼프의 등장이다. 트럼프는 그동안 주로 안보·테러·인권 등 비경제적 영역에 활용되어온 제재를 대중국 제재를 위해 무역·기술 등의 분야로 확대했다. 특히 트럼프는 달러 패권 체제를 이용한 금융제재를 가장 적극적으로 동원했다. '달러의 무기화'에 앞장선 것이다.

기축통화의
마법

미국이 이런 독자적인 제재를 할 수 있는 것은 거대한 자국 시장과 함께, 달러라는 기축통화를 보유하고 있기 때문이다. 미국 달러는 1944년 브레턴우즈 협정으로 기축통화 지위에 오른 이래 오늘날까지 무역·금융 등 국제 지불결제의 중심을 차지하고 있다. 구체적으로 미국은 벨기에에 본부를 둔 국제결제시스템 스위프트SWIFT와 미국 내 은행 간 결제시스템인 칩스CHIPS를 활용한다. 스위프트에는 전 세계 200개 이상 국가의 1만1000여 개 금융기관이 참여해 자금결제를 한다. 미국은 9·11사태 직후 이 기관의 금융거래 정보에 대한 접근권까지 확보했다.

미국의 제재가 위력을 발휘하는 것은 제재 대상에 오를 경우 미국 금융시장은 물론 국제결제시스템에 접근이 거부되기 때문이다. 이는 사실상 정상적인 국제 거래를 할 수 없다는 의미다. 전 세계 은행들의 달러 결제는 반드시 미국 은행을 통해야만 가능하다. 한국의 국민은행 명동지점이 우리은행 명동지점과 달러 거래를 하려고 해도 미국 은행을 거쳐야 한다. 한국을 비롯한 전 세계 기업과 금융기관이 혹시라도 미국의 제재망에 걸릴까 우려해 거액의 자금과 인력을 투입해 자금세탁방지 등 내부통제에 신경 쓰는 이유다.

수출제한 등 전통적인 무역제재는 미 상무부가 담당하지만, 최근에는 금융제재의 중요성이 커지면서 재무부의 역할이 도드라지고 있다. 재무부 산하 해외자산통제국OFAC은 테러세력과 연루되거나, 미국에 위협이 되는 국가·기관·개인과의 금융거래를 통제하는 기능을 담당한다. 미국 내 자산동결과 금융제재의 대상이 되는 이른바 '특정지정제재대상자SDN' 목록을 발표하는 곳이 바로 이 조직이다.

이렇듯 달러를 사실상 무기화하는 중심에는 재무부가 있다. 트럼프 행정부가 2020년 7월 '홍콩자치법'을 제정해 그동안 홍콩에 부여했던 '특별지위'를 철회하자, 재무부 해외자산통제국은 홍콩 전·현직 관료와 중국 관료 등 11명을 SDN 목록에 올렸다. 이들은 미국 내 자산이 동결되는 것은 물론 투자제한 등 금융제재를 받게 된다. 같은 해 12월에는 중국 군산복합체 관련 44개 기업이 이 목록에 올랐다. 바이든 행정부도 이를 이어받아 2021년 3월 홍콩자치법 관련 제재 대상자를 34명으로 확대했으며, 6월에는 중국 군산복합체 투자제한 기업을 59개로 확대했다. 2021년 12월 센스타임을 제재 목록에 올린 곳도 바로 이 해외자산통제국이다.

제재의 역설

이런 제재가 소기의 성과를 낼 수 있을까? 상당한 고통을 안기겠지만 미국이 만족할 만한 결과로 이어지긴 힘들 것이다. 미국이 그동안 북한·리비아·시리아·이라크·이란 등 다른 나라들에 시행한 경험을 보면 긍정적인 답변을 얻기가 쉽지 않다. 미국은 북한·이란의 핵개발을 중단시키기 위해 20여 년간 제재의 강도를 높였으나 목표를 달성하지 못했다. 대상국들은 사활을 걸고 제재를 회피하며 핵개발에 성공했거나 여전히 진행 중이다. 리비아·이라크 같은 경우는 미국의 군사개입으로 귀결됐다. 그렇지만 제재는 한번 시작하면 뒤로 물리기 어렵다. 제재 대상국이 행동을 바꾸지 않았는데도, 제재를 해제하면 유약한 이미지가 생길 것을 우려하기 때문이다. 악순환이 반복되는 이유다.

미국의 상대가 여태까지의 경쟁자와는 체급이 다른 강대국이라는 점도 변수다. 제재 강도를 높인다고 해서 중국이 굴복할 가능성은 거의 없다고 봐야 한다. 오히려 중국은 미국의 제재에 곧잘 보복성 제재로 응수해왔다. 트럼프 행정부가 관세를 매기면 중국도 그에 상응하는 관세 조치를 내렸을 뿐만 아니라 미국인들에 대한 금융제재도 단행했다. 중국은 2020년 미국이 홍콩·중국 관료 등 11명을 제재하자, 마코 루비오 상원의원 등 11명에게 금융제재를 부과했다. 2021년 3월엔 신장 위구르 지역 면화 사용 금지 결정에 대해 중국은 에이치앤엠 H&M과 나이키 등 유명 의류 브랜드의 불매운동을 벌이기도 했다.

그해 6월에는 아예 '반-외국제재법'을 공포했다. 외국이 중국인과 중국 기업에 차별적 제한 조처를 할 경우, 이에 대응해 반反-제재 조치를 취할 수 있다는 내용이다. 조치 내용도 중국 내 자산동결과 중국인과의 거래 금지 등으로, 미국의 금융제재와 거의 비슷하다. 물론 중국 위안화가 달러의 위상에는 미치지 못하기에 미국만큼 위력이 강하지는 않을 것이다. 그러나 중국은 무역 부문에서는 세계 최대 수출국인 데다 세계 2위 수입국이다. 2020년 기준 중국의 수입 규모는 2조556억 달러로 미국(2조4075억 달러)을 바짝 뒤쫓고 있다. 시장 규모가 커서 유럽·아시아 국가들이 중국을 무시하기 어렵고, 이에 따라 미국의 제재도 한계가 있을 수밖에 없다는 얘기다.

중국이 제재 회피를 위해 새로운 대안을 모색하는 점도 주목해야 한다. 중국은 금융 분야에서 위안화의 국제 영향력을 확대하려는 움직임을 강화하고 있다. 중국은 2010년께부터 위안화 국제화 노력을 기울이고 있으나 아직은 국제결제의 2.4%에 불과할 정도로 미미한 수준이다. 그러나 금융 디지털화 현상이 가속화하면서 각국 중앙은행이 디지털통화 발행을 준비하는 흐름은 새로운 변수다. 특히 중국의 '디지털 위안화'는 달러 패권 체제를 뒤흔들 수도 있는 잠재력을 가졌다. 중국과 러시아가 연대해 달러 패권 체제를 흔들 가능성에도 주목해야 한다. 러시아는 미국 주도로 서방 국가들이 러시아 은행들을 스위프트에서 배제하자 제3세계 국가들에 수출입 결제 통화로 루블화를 사용할 것을 요구하고 있다.

오바마 행정부의 마지막 재무장관인 잭 루Jack Lew는 2016년 3월 카네기국제평화재단 연설에서 이렇게 말했다. "(제재가) 비용이 적다고 생각하는 것은 실수다. 제재가 사업환경을 너무 복잡하거나 예측 불가능하게 만든다면, 또는 세계 자금 흐름에 지나치게 개입한다면, 금융거래는 완전히 미국 밖에서 움직이기 시작할지 모른다. 이는 앞으로 제재의 효과뿐만 아니라 국제 금융시스템에서 미국의 중심적 역할을 위협할 수 있다."[2] 미국에 예외적으로 부여된 달러의 '과도한 특권'을 남용할 경우 오히려 미국의 금융패권을 스스로 침식할 수도 있다는 경고다.

디지털 위안화
— 기축통화를 향한 중국의 승부수

중국이 중앙은행이 발행하는 법정 디지털화폐인 '디지털 위안화e-CNY'를 주요 10개 도시에서 시범 운영한 데 이어, 2022년 2월 베이징 동계올림픽을 이용해 전 세계에 선보였다. 외국인에게도 디지털 위안화를 개방함으로써 외국인 방문객도 버스나 지하철 등 대중교통과 슈퍼마켓, 유명 관광지 등에서 이 디지털화폐를 사용할 수 있었다. 중국은 2020년 선전을 시작으로 상하이 등 10개 도시에서 시범 서비스를 하고 있는데 외국인을 대상으로 한 것은 이때가 처음이다. 올림픽을 계기로 중국이 디지털화폐 발행 경쟁에서 앞서고 있다는 점을 선전하려는 것이다.

한국을 비롯한 대부분의 나라는 '중앙은행 디지털화폐 CBDC' 발행과 관련해 검토 단계에 머물러 있다. 중앙은행 디지털화폐는 지폐·주화 같은 실물 화폐를 대체하거나 보완하기 위해 중앙은행이 발행하는 전자화폐를 말한다. 디지털 위안화는 스마트폰의 전자지갑에 저장되는데, 실물로 발행되는 위안화 현금과 동일한 가치를 지닌다. 실질적 가치를 지니지 않은 비트코인 같은 가상자산과 근본적으로 다른 점이다. 가상자산은 가격 변동성이 극심한 반면에 디지털 위안화는 현금처럼 안정적이다.

중국의
디지털화폐 실험

중국 인민은행은 2022년 1월 디지털 위안화 전자지갑 앱을 앱스토어에 내놓았다. 이 앱에서는 중국어 대신 영어를 선택해 쓸 수도 있다. 국제적인 통용을 염두에 둔 조처로 보인다. 2021년 말 기준 디지털 위안화의 이용자와 사용 가능 장소는 각각 2억 6100만 명, 800만 곳에 이르고, 총 거래액은 876억 위안(약 16조 4300억 원)이다. 물론 일반인들의 사용은 극히 초기 단계다. 《사우스차이나 모닝포스트》는 "베이징 동부지역의 한 슈퍼마켓 직원은 디지털 위안화를 결제 수단으로 사용하는 고객이 많지는 않다고 말했다. 정부가 사용을 독려하기 위해 발행한 바우처 등을 사용하는 데 국한되어 있다"라고 전했다.[3]

중국이 이처럼 적극적으로 디지털화폐를 도입하는 데에는 크게 두 가지 목적이 있는 것으로 분석된다. 첫째는 알리바바·텐센트 같은 민간 기업이 장악한 모바일 결제 시장을 정부가 통제하려는 것이다. 두 회사의 모바일 결제 수단인 알리페이와 위챗페이는 현재 모바일 결제 시장의 90% 이상을 차지할 정도로 압도적이다.

둘째는 국제 지급결제에서 기축통화인 달러 의존도를 줄이고 위안화의 국제화를 촉진하려는 것이다. 중국은 2010년부터 위안화의 국제화를 추진했으나 여전히 국제 결제 시장에서 이용되는 비중은 2%에 불과하다. 미중 간 패권 경쟁의 관점에서는 두 번째 목적이 중요하다. 디지털 위안화가 국제적으로 통용되기 시작하면 1944년 브레턴우즈 체제 이후 근 80년간 지속되고 있는 달러 기축통화 체제에 균열을 가할 수도 있기 때문이다.

현재 각국 중앙은행은 디지털화폐가 기존 환거래뱅킹 방식의 복잡하고 긴 중개 절차를 단순화해 소요 시간을 단축하고 수수료를 낮추는 등 효율성을 높일 것으로 보고 도입을 검토하고 있다. 국제결제은행BIS의 조사를 보면, 전 세계 중앙은행의 86%가 관련 연구·개발 또는 실험을 추진 중이다. 몇몇 국가는 디지털화폐의 국경 간 거래를 위한 규제·감독과 감시체계를 공동 연구하고, 기술적 표준을 만들기 위한 협력 작업도 진행하고 있다. 예컨대 캐나다와 싱가포르, 태국과 홍콩은 디지털 통화의 국가간 상호운용을 위한 공동실험도 진행한 바 있다.

중국의 선도적인 실험은 앞으로 다른 국가에도 많은 교훈을 주며, 이는 국제표준을 설정하는 데도 영향을 끼칠 수 있다. 국제 통화 전문가인 에스와르 프라사드Eswar Prasad 코넬대 교수는 "현재 바하마가 이미 디지털통화를 도입했고, 스웨덴도 실험을 진행 중이지만 주요국 가운데서는 중국이 가장 앞선다. 앞으로 중국의 실험이 다른 국가에 견본이 될 수 있다"라고 말했다.[4]

디지털화폐에 느긋한 미국

반면에 미국의 움직임은 매우 느린 편이다. 미국 중앙은행인 연방준비제도(연준)는 애초 2021년 여름께 관련 보고서를 발표할 계획이었으나, 이듬해 1월 20일에서야 '디지털 달러화'의

장단점을 설명하는 토론문 형식의 보고서를 발간했다. 이 보고서는 가계와 기업이 안전한 전자 지급결제 수단을 확보할 수 있다는 점을 거론하면서도, 금융시장 안정성에 대한 위해, 사생활 보호 문제, 사기와 불법 행위에 대한 대처 등의 해결 과제도 언급했다. 연준은 "이 토론문이 어떤 정책 제안을 하는 것은 아니다"라고 밝혔다.

《월스트리트 저널》은 2022년 1월 20일 "연준 관리들 사이에서도 이견이 존재한다"라고 전했다. 찬성파는 자금 거래의 신속성과 낮은 거래비용, 은행 계좌를 갖지 못한 금융 소외계층 포용, 팬데믹 같은 상황에서 정부 보조금 직접 지급 등의 이점을 든다. 또한 기축통화 보유국으로서 국제표준 개발에 처음부터 참여해야 할 필요성도 거론한다.[5]

반면 반대파는 지금도 달러 거래가 매우 디지털화되어 있고, 금융포용은 다른 수단으로도 가능하며, 중앙은행이 개개인들의 거래 내역을 들여다볼 수 있는 점 등을 거론한다. 필라델피아 연방준비은행에서는 금융위기 발생 시 개인들이 은행 예금이나 펀드에서 돈을 인출해 초안전자산인 디지털 달러로 바꿀 유인이 생기는 등 금융 시스템 불안정을 초래할 수 있다는 보고서도 내놓은 바 있다.

제롬 파월Jerome Hayden Powell 연준 의장은 디지털 달러화 발행에 신중한 태도를 취하고 있다. 파월 의장은 2021년 여러 차례 공개석상에서 국제 지급결제 시장에서 기축통화로서의 지위를 언급하면서 "빨리 도입하는 것보다 제대로 도입하는 것이 더 중요하다"라고 말했다. 또한 디지털 달러화 발행의 이점이 비용이나 리스크보다 크다는 점이 분명해질 때 도입할 것이라고도 했다. 그의 신중한 태도로 볼 때 디지털 달러화 발행과 관련한 미국의 결정이 이른 시일 내에 이뤄질 것 같지는 않다.

미국의 이런 느긋한 태도는 달러화의 기축통화 지위가 쉽사리 흔들리지 않을 것이라는 자신감으로 보인다. 금융 전문가들은 각국 중앙은행이 디지털화폐를 발행하더라도 국경 간 자금 거래를 위해서는 지금보다 간소화되더라도 여전히 복잡한 절차를 거쳐야 할 것으로 보고 있다.

현재 국경 간 지급결제는 자국 은행과 상대국 은행, 은행 간 자금 거래 요청·확인 통신망인 국제결제시스템 스위프트, 실제 지급결제를 실행하는 주요국 환거래은행 등을 거쳐야 한다. 각 나라는 디지털통화를 발행하더라도 자국의 통화주권 보호 필요성과 자금세탁, 불법자금 유입 가능성 등 때문에 다른 나라 디지털통화가 자국 내에서 자유롭게 통용되게 할 수는 없다. 결국은 형태는 다르겠지만 검증 절차를 생략할 수는 없다는 얘기다.

세계적인 화폐 전문가인 버클리대의 배리 아이컨그린Barry Eichengreen 교수는 2021년 8월《프로젝트 신디케이트》기고 문에서 이렇게 설명한다. "한국이 콜롬비아에서 커피를 수입 해 수입대금을 '디지털 원화'로 지급한다고 하자. 그런데 콜롬 비아 수출업자가 디지털 원화를 사용하려면 좀 더 유용한 통화 로 바꿔야 한다. 결국 뉴욕에 있는 은행을 통해서 달러로 환전 해야 할 것이다." 그는 "세계적으로 200개 국가가 디지털화폐 를 발행했을 때 이들 간에 상호 운용이 가능하도록 하려면 수 천 개의 협약이 필요할 것인데 이건 가능하지 않다"라며 "결국 중앙은행 디지털화폐가 국제 지급결제 시스템을 바꾸지 못할 것이고 달러의 지위도 흔들지 못할 것"이라고 말했다.[6]

균열의 가능성?
찻잔 속의 태풍?

다만, 부분적인 균열을 일으킬 가능성은 존재한다. 우선 중국 은 일대일로 프로젝트에 참여한 국가들과 송금이나 무역 결제 에 디지털화폐를 통용하는 방안을 추진할 가능성이 있다. 일대 일로 프로젝트는 육·해상 실크로드를 통해 중앙아시아, 남아시아, 동남아시아, 아프리카, 유럽을 포괄하는 거대 경제 네트워크를 구축하는 것이다. 2019년 4월 베이징에서 개최한 일대일로 고위급 회담에 37개국 정상이 참석했는데, 중국은 당시 17개 국가와 국경 간 전자상거래 플랫폼을 구축했다고 공개한 바 있다. 인민은행의 디지털화폐 추진 과정을 알고 있는 한 관계자는 "중국은 일대일로를 잇는 국가들에 인프라 건설뿐만 아니라 금융 지원도 해주고 있다. 국경 간 전자상거래와 대금 결제에 중국 디지털화폐를 사용하도록 요구할 가능성이 크다"라고 말했다.

또한 미국이 달러를 무기로 휘두르는 제재의 칼날을 피하고자 하는 국가도 이를 사용할 수 있다. 특히 이란은 2018년 미국의 제재로 인해 원유를 수출하고도 한국을 비롯한 거래국들로부터 대금을 지급받지 못하는 상황이다. 러시아와 베네수엘라, 북한 등도 미국의 강력한 제재로 국제무역과 금융거래에 큰 제약을 받고 있다. 이들 국가가 중국과 거래에서 디지털 위안화를 사용할 경우 미국 외교정책의 핵심 수단인 금융제재에 구멍이 뚫리는 셈이다. 또한 미국의 달러 지배체제는 국제 은행 간 지급결제 통신망이 스위프트와 실제 결제가 실행되는 뉴욕의 환거래은행 두개의 축으로 구성되어 있는데, 디지털 위안화는 이를 회피할 수 있다.

그러나 디지털 위안화가 이런 부분적 사용을 넘어 가까운 미래에 달러의 지위를 위협하기는 쉽지 않아 보인다. 프라사드 교수는 《화폐의 미래The Future of Money》(2021)에서 "중국은 위안화 국제화를 추진했지만 자본 통제와 환율 개입 문제로 성과를 거두지 못했는데, 디지털 위안화도 마찬가지"라며 "자본시장을 자유화하고 환율 결정을 시장에 맡기더라도 법·제도 안전성·신뢰성 측면에서 외국인 투자자들에게 달러처럼 안전자산으로 인식되기는 어려울 것 같다"라고 전망했다.[7] 중국의 디지털 위안화가 달러의 패권에 균열을 가하고 글로벌 기축통화로 자리잡기 위해선 넘어야 할 산이 높고도 많다.

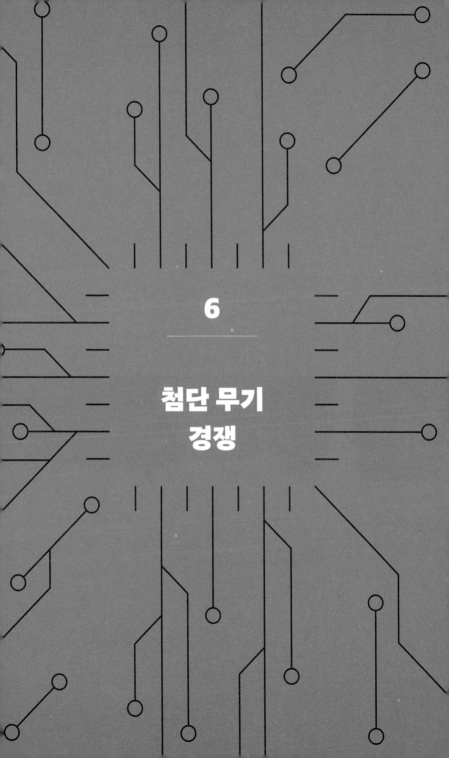

6

첨단 무기 경쟁

미중 간의 첨단무기 경쟁이 점입가경이다.
미국이 동아시아에 미사일방어MD망을
구축하자 중국은 이를 무력화하는
극초음속 미사일 개발로 응수한다.
'창과 방패'의 무한 대결 속에서 동아시아는
어느새 '세계의 화약고'로 변하고 있다.

군산복합체 vs. 군민융합

미국 국방부는 2015년 국방혁신부대DIU를 창설해 첨단기술의 요람인 실리콘밸리에 분소를 열었다. 민간의 혁신적 기술을 군사기술에 접목시키기 위한 것이었다. 목표 기술은 인공지능·무인무기·사이버·휴먼시스템·우주 등 다섯 가지 분야였다. 이 영역에선 국방부가 그동안 의존해온 자체 연구기관이나 방위산업체만으로는 민간의 기술 발전을 따라잡기 어렵다고 판단했기 때문이다. 2016년에는 보스턴과 오스틴에도 분소를 개설했으며, 2020년에는 첨단 에너지·재료를 여섯 번째 목표 기술로 채택했다.

이 부대는 지금까지 민간에서 2300여 개의 기술혁신 제안을 받았으며, 이 중 200여 개는 모형 제작 계약을 맺었다. 2020년에는 실제 무기 생산까지 이른 사례도 나왔다. 5개 벤처와 공동으로 정찰용 드론을 제작하고, 국방부가 구매하기로 한 것이다. 이 부대는 보고서에서 "국방부는 상업용 드론의 발전 속도를 따라가기 어려웠다. 이 고성능 드론은 수직 이착륙, 배낭 휴대 기능을 갖춘 데다 첨단기술을 반복적으로 업그레이드할 수 있다"라고 평가했다.[1]

진화하는
미국 군산복합체

국방혁신부대는 미 국방부가 4차 산업혁명 시대의 첨단기술을 도입하기 위해 어떤 노력을 기울이고 있는지 드러내는 사례다. 국제정치학자 김상배 서울대 교수는 《4차 산업혁명과 신흥 군사안보》(2021, 공저)에서 "인공지능·빅데이터·로봇 등의 기술혁신은 지정학적 경계를 넘어서 민간부문에서 이루어지고, 나중에 군사부문에 적용되는 '스핀온spin-on'의 양상을 보인다. 이는 20세기 후반 냉전기에 주요 기술혁신이 주로 군사적 목적에서 진행되어 민간부문으로 확산되었던 '스핀오프spin-off' 모델과 차이가 있다"라고 진단했다.[2]

이는 미 군산복합체가 21세기에 어떻게 진화하고 있는지도 단적으로 보여준다. 군산복합체는 정부와 군, 방산업체의 상호 의존 체계를 말한다. 군은 방산업체에 군사기술을 이전해 군수산업을 육성하고, 방산업체는 군에 첨단무기를, 정부에는 세금과 정치자금을 제공하는 구조다. 2차 세계대전을 계기로 등장해 냉전 시기에 몸집을 크게 불렸다. 냉전 당시 미국 정부는 대규모 연구개발 자금을 국방 분야에 투입했는데, 이렇게 탄생한 군사기술은 민간에도 큰 파급효과를 냈다. 1957년 옛 소련의 스푸트니크 발사를 계기로 설립된 국방고등연구계획국DARPA은 스텔스·정밀유도무기 같은 신무기뿐만 아니라, 인터넷·위치 정보시스템GPS·자동음성인식 등의 기술도 개발했다.

2014년 미국 최대 방산업체 록히드마틴의 F-35 스텔스 전투기 제조공장을 방문한 적이 있다. 텍사스주 포트워스시에서 자동차로 30분쯤 떨어진 곳에 있는 이 공장은 입지부터 달랐다. 일반 공장지대가 아니라 공군기지였다. '공군 제4공장'이라는 표지판이 적힌 출입문을 통과하자 거대한 공장과 활주로, 각종 부대시설 등을 볼 수 있었다. 규모가 307만m^2(9만3000평, 축구장 40개 크기)에 이르렀다.

안내자는 "이곳 사람들은 F-35 조립공장을 '1마일 길이 공장'이라고 부른다"라고 소개했다. 공장 길이가 1마일(1.6km)인데서 붙여진 이름으로, 아마도 세계 최장일 것이라고 했다. 공장 내부에서는 전투기 제작을 전방·중앙·후방·날개 등 부문별로 나누어 5만5000여 개 부품을 자동화 시스템에 따라 조립하고 있었다. 독특한 것은 이 터의 소유자는 정부이지만 운영은 록히드마틴이 맡고 있다는 점이다. 록히드마틴 관계자는 1942년 설립된 이 공장의 "활주로와 부대시설은 록히드마틴과 공군이 공동으로 사용한다"라고 말했다. 근무 인원이 1만5000여 명에 이르는 이곳은 사실상 '군(군대)·산(산업) 복합체'의 일체화된 모습을 보여주는 듯했다. 1942년 설립된 이 공장은 B-24, F-16, F-22 등 미군의 주력 폭격기·전투기의 산실이다. 또한 F-16 전투기에 이어 F-35A도 40대를 도입한 한국과도 인연이 깊은 셈이다.

미국은 이런 전통적인 군산복합체를 유지하면서도 민간 기업의 혁신기술을 적극 도입하기 위해 안간힘을 쏟고 있다. 중국·러시아의 군사적 추격을 따돌리려는 것이다. 미국은 2014년에 이미 '제3차 상쇄 전략'을 내놨다. 이 전략은 새로운 기술적 우위를 통해 경쟁국의 수적 우위를 상쇄시킨다는 개념으로, 냉전 때 두 차례 시행된 이 전략을 다시 꺼내들 만큼 상황이 엄중하다는 의미다. 1차는 1950년대 동유럽에 배치된 옛 소련의 재래식 군사력의 수적 우위를 상쇄하기 위해 시행한 핵무기 개발을, 2차는 소련의 핵·미사일 역량을 상쇄하기 위해 스텔스·위치 정보시스템 등을 개발한 것을 일컫는다. 3차에서는 인공지능·바이오·레이저·극초음속 등이 '게임체인저' 기술로 꼽힌다.

정부 주도의
군민융합

중국도 첨단기술을 활용한 군 현대화에 박차를 가하고 있다. 일반적 군사력 경쟁에서는 열세를 극복하기가 쉽지 않은 만큼 신기술을 활용한 도약을 통해 미국을 추월하려 하고 있다.

이를 달성하고자 중국이 꺼내든 게 이른바 '군민융합' 전략이다. 첨단기술 분야에서 군과 민간의 시너지 효과를 높임으로써 경제발전과 군 현대화를 동시에 이루겠다는 의도다. 덩샤오핑 시대에도 '군민결합' 개념이 있었으나, 군사적 자원을 경제발전에 활용하겠다는 목적이 강했다. 그러나 시진핑 주석이 2015년 '군민융합 발전전략'을 제시하면서 차원이 달라졌다. 시 주석은 2017년에는 중앙군민융합발전위원회를 설치하고, 직접 주임까지 맡았다.[3] 군민융합 전략에서 타깃으로 하는 기술은 양자컴퓨팅, 빅데이터, 반도체, 5G, 선진 원자력 기술, 우주항공 기술, 인공지능 등 민군 겸용이 가능한 기술들이다.

군민융합 전략은 군산복합체 모델을 벤치마킹한 것이다. 물론 국가 주도, 민간 기업과의 공조 정도에서는 차이가 있다. 미국 싱크탱크 신미국안보센터CNAS 엘사 카니아Elsa B. Kania 연구위원은 "미국은 2차 세계대전 이후 수십 년에 걸쳐 군과 민간이 유기적으로 협력하는 시스템을 만들어온 반면, 중국은 단기간에 정부의 계획에 따라 적극적으로 생태계를 만들어가고 있다. (…) 이 프로그램의 실행 속도와 자원 동원이 매우 두드러져 미래 잠재력을 과소평가해서는 안 될 것"이라고 진단했다.[4]

인공지능 협력은 군민융합의 전형이다. 중국 과학기술부는 2017년 바이두·알리바바·텐센트·아이플라이텍 등 4개 기업을 인공지능 '국가대표팀'으로 선정했다. 이들 기업이 인공지능에 투자하도록 독려하고, 정부는 각종 지원을 하면서 관련 시장을 열어주고 있다. 2019년에는 미국의 견제가 본격화하자 11개 기업을 추가했다. 바이두가 적극적이다. 바이두는 국영 방산업체 중국전자과기CETC와 공동으로 빅데이터·인공지능·클라우드컴퓨팅 기술을 군 지휘통제 시스템에 적용하기 위한 연구소를 설립했다. 외국시장 진출에 관심이 많은 알리바바는 군과의 공조가 외부에 잘 알려져 있지 않다.

미국 민간 기업들은 이와는 상당히 다르다. 록히드마틴·노드럽·레이시온 같은 방산업계는 군과 공조해 첨단 군사기술을 개발하지만, 인공지능 대표 기업인 구글·페이스북·아마존·마이크로소프트 등과의 파트너십은 상대적으로 느슨하다. 선두 기업인 구글의 경우, 인공지능을 활용해 이미지를 식별하고 분류하는 기술을 미 공군에 제공하다가 직원들이 인공지능의 무기 전용에 반발하면서 2018년 이 사업을 접기도 했다. 또한 앞서 소개했듯 미 공군의 소프트웨어 최고책임자인 니컬러스 셰일런은 군의 관료주의와 구글 등 민간기업의 비협조에 불만을 표출하며 사표를 던지기도 했다.

브레이크 없는
무기 개발 경쟁

2021년 여름, 중국이 극초음속 미사일을 시험발사한 사실이 뒤늦게 알려지면서 미국이 놀라는 분위기다. 마크 밀리Mark Milley 미 합참의장은 2021년 10월《블룸버그 텔레비전》에 출연해 "그게 바로 '스푸트니크 충격'인지는 모르겠지만 그것에 매우 가깝다고 생각한다"라는 견해를 밝혔다. 방산업체 레이시온의 그레그 헤이스Greg Hayes 대표이사는 미국이 중국에 최소 몇 년은 뒤처져 있다고 지적했다.

극초음속 미사일은 천문학적 비용을 들여 구축해놓은 미사일방어MD를 무력화할 수 있는 만큼 미국이 놀랄 만도 하다. 재밌는 사실은 같은 무기를 미국도 수십 년 전부터 개발하고 있다는 것이다. 국방고등연구계획국은 극초음속 비행체뿐만 아니라 이를 타격하는 기술도 개발 중인 것으로 알려져 있다. 결국 미군과 방산업체 고위 관계자가 언론에 나와 놀라움을 나타내는 데는 국방 예산을 더 따내려는 의도도 섞인 셈이다.

군산복합체는 막강한 로비력과 인맥을 기반으로 막대한 군사예산을 따내고 있다. 미국 군사예산은 한해 7000억 달러(약 820조 원) 이상으로 세계 2~11위 국가 군사예산을 합한 것보다도 많다. 미국 내에서도 '괴물' '대마불사' 등으로 일컬어지는 이유다. 군산복합체라는 말은 1961년 드와이트 아이젠하워 대통령의 퇴임연설에서 처음 등장했다. 그는 "우리는 의도하든 의도하지 않든 간에 군산복합체가 부당한 영향력을 획득하는 사태를 경계해야 한다. 부적절한 권력이 재앙적으로 성장할 잠재력이 지금 존재하며 앞으로도 존속할 것이다"라고 경고했다.

군산복합체 전문가인 윌리엄 하퉁William Hartung 미국 국제정책센터CIP 무기·안보프로젝트 국장은 '의회가 과거보다 군산복합체의 영향을 더 많이 받는다고 보는가?'라는 질문에 이렇게 답했다. "그렇다. 방산업체들이 고용한 로비스트만

1000명이 넘는다. 의원 1명당 로비스트가 2명꼴이다. 방산업체 영향력은 아이젠하워 연설 때보다 더 커졌다."

미중 충돌이 격화할수록 더 많은 예산이 군 관련 산업에 투자될 것으로 보인다. 앞으로 군산복합체는 더 호황을 누릴 것이라는 얘기다. 중국의 군민융합도 사정은 다르지 않을 것이다. 미중이 군산복합체와 군민융합을 내세워 자웅을 겨루는 세기의 무기개발 경쟁이 첨단기술의 날개를 달고 끝 모를 자존심 싸움으로 치닫고 있다.

워싱턴의
불장난

2014년 5월 28일 오전 로비단체들이 밀집해 있는 워싱턴 케이스트리트 인근 한 건물엔 미국 군사·안보 전문가 100여 명이 몰려들었다. 외교·안보 싱크탱크 애틀랜틱 카운슬Atlantic Council에서 열린 '미사일방어MD 콘퍼런스'에 참가하기 위해서였다. 참석자들은 주로 미국 국방부의 전·현직 고위 관료와 군 장성, 싱크탱크·방산업체·정보기관 인사들이었다. 의원 보좌관들도 눈에 띄었다. 행사 주관은 싱크탱크가 했지만 미사일방어 무기체계를 개발·생산하는 방산업체 레이시온이 후원사로 참여했다.

개회사는 애틀랜틱 카운슬 대표이사인 프레더릭 켐프Frederick Kempe가 맡았다. 켐프는 보수 언론《월스트리트 저널》부국장 출신으로 2007년부터 이 싱크탱크 대표이사를 맡아 규모를 4배로 키운 수완 좋은 인물이다. 이 미사일방어 콘퍼런스도 그가 대표로 취임한 2007년부터 매년 개최해온 것이다.

켐프는 먼저 주요 참석자와 후원사 등을 소개했다. 미국 합동참모본부 서열 2위 제임스 위너펠드James Winnefeld Jr. 합참차장과 미사일방어 프로젝트 추진 기관인 미사일방어청MDA 전직 청장 3명이 주목을 끌었다. 이 중 한명인 패트릭 오릴리 전 청장은 퇴직 뒤 애틀랜틱 카운슬의 비상근 펠로우로 참여하고 있었다. 켐프는 "레이시온이 미사일방어에 관한 애틀랜틱 카운슬의 작업을 계속 지원해주고 이번 행사도 가능하게 했다"라며 감사의 인사를 전했다. 레이시온은 록히드마틴과 함께 2017년 한국에 배치된 사드 개발에도 참여한 곳이다.

켐프는 위너펠드 합참차장에게도 감사를 표시했다. 사실《월스트리트 저널》은 이 행사 하루 전 그의 연설문을 미리 입수해 미국이 한국에 사드 배치를 위한 사전 부지 조사를 진행 중이라고 보도한 터였다.[5] 켐프는 "위너펠드 차장이 신문에 '사전 브리핑'을 통해 오늘 행사의 주목도를 높여줬다"라고 인사를 건넸다.

이어 애틀랜틱 카운슬의 국제안보센터 부의장을 맡고 있

는 엘렌 토셔가 마이크를 잡았다. 그는 연방하원 의원 시절인 2007년과 국무부 무기통제·국가안보 문제 담당 차관보 시절인 2009년에 애틀랜틱 카운슬의 미사일방어 컨퍼런스에서 연설한 바 있으며, 퇴직 후에는 아예 이곳에 터를 잡았다.

기조연설자인 위너펠드 차장이 연단에 올랐다. 그는 참석자들 중에 낯익은 인사들이 많이 눈에 띄는 모양이었다. "학계와 산업계 파트너들, 싱크탱크 전문가들, 의회 보좌관들, 그리고 외교계의 몇몇 친구들 등 다양한 분야의 사람들이 이 자리에 모인 것 같다. 참석자들 리스트를 보니 나의 옛 친구들도 몇몇 있다." 이렇게 운을 뗀 그는 미국 미사일방어 전략의 기본 원리를 제시한 뒤, 미국 본토와 아시아태평양·유럽 등 대륙별 미사일방어 계획을 상세히 설명했다.

워싱턴과 군산복합체의 먹이사슬

미국 특파원 시절 직접 관찰한 이 행사를 길게 소개한 이유는 군산복합체가 어떻게 움직이는지 잘 보여주는 장면이기 때문이다. 군산복합체는 군과 방산업체가 중심이며, 보수적 싱크탱크·언론이 이들의 논리를 전파하는 구조로 움직인다. 워싱턴

정치의 핵심으로 선거자금에 목말라하는 의원들에게는 정치
자금을 합법적으로 제공한다. 의회에는 '미사일방어 코커스'라
는 의원 모임까지 구성되어 있다.

미국에서 군수와 직접 관련된 인력은 군과 민간인을 합해
230만 명이 넘으며, 연관 산업으로 범위를 넓히면 그 수는 더
많아진다. 정치인들은 지역구 관리를 위해서도 이들을 무시하
지 못한다. 2008년 공화당 대선 후보였던 존 매케인 상원의원
은 이런 현상을 두고 '군산복합체'를 넘어 '군·산·의회 복합체'
라며 개탄한 바 있다.

이들의 논리는 조밀하게 짜인 인적 네트워크를 통해 미국
행정부의 정책에 반영된다. 이의를 제기하거나 반기를 드는 인
사는 이 네트워크에 낄 수가 없다. 위너펠드 차장도 2015년 퇴
직한 뒤 2017년 레이시온의 이사회 멤버가 됐는데, 이런 '먹이
사슬'의 전형적 사례다. 이런 구조에서 사드 배치가 한국에 어
떤 부정적 영향을 끼칠지 등 한국의 처지를 이해해주는 사람을
워싱턴에서 찾기는 쉽지 않다. 물론 패권 경쟁국인 중국의 입
장도 고려 대상이 되기 어렵다.

물리학자 출신으로 국방부와 국립 핵연구소, 의회, 학계 등
에서 30년 이상 미사일 기술과 국가안보 문제를 연구해온 시
어도어 포스톨Theodore Postol 매사추세츠공대MIT 명예교수

는 이렇게 설명한다. "미국 지도층에 충격적인 문제가 있다. 지도층 사람들은 미사일방어를 비난하는 것을 정치적 자살 행위로 여긴다. 대학에서 종신직을 보장받은 나 같은 사람들은 상대적으로 비판을 제기하기 쉽지만, 나도 소속 대학으로부터 공격의 대상이 되는 게 현실이다. 대학도 미사일방어 관련 활동에서 상당한 이득을 얻고 있다." 그는 2015년 미국의 사드 배치와 관련해 사드 성능을 분석해 필자에게 제공한 바 있다.

포스톨 교수는 워싱턴의 이런 구조가 국제관계에 미치는 부정적인 영향도 꼬집었다. 미사일방어는 미중, 미러 간 핵억지력을 깨뜨릴 수 있다는 것이다. 핵억지력은 한쪽의 핵 공격 시 다른 한쪽이 남은 핵전력으로 상대를 보복해 둘 다 괴멸적 타격을 입기 때문에 어느 쪽도 선제공격을 하지 못하는 상황을 일컫는다. 그런데 어느 한쪽이 미사일방어망을 갖춰 핵미사일을 성공적으로 타격할 수 있다면 이런 '공포의 균형'은 무너지고, 선제공격의 가능성은 커진다. 이로 인해 군비 경쟁은 가속화한다. 포스톨 교수는 "이런 프로그램이 제어되지 않은 채 계속 추진된다면, 위험이 커지고 안정을 해쳐 혼란이 발생할 것이라는 점은 누구나 예상할 수 있다. 미국은 물론 동맹국·우방국, 그리고 잠재적 경쟁국의 안보에 중대한 위험을 제기하는 것"이라고 지적했다.

무너지는
'공포의 균형'

포스톨 교수의 말은 마치 예언처럼 지금 동아시아에서 현실이 되고 있다. 중국은 2021년 여름 두 차례에 걸쳐 극초음속 궤도 미사일 시험을 진행했다. 이 미사일은 지구 궤도를 돌다가 대기권으로 재진입한 뒤 음속의 5배 이상으로 활강해 목표물을 타격한다. 이른바 '부분궤도폭격체계FOBS' 기술이 적용된 극초음속 미사일은 미국의 조기경보 레이더의 눈을 피해 MD를 무력화시킬 수 있다.

1960년대 중반에도 이 기술이 모습을 드러낸 바 있다. 당시 미국과 소련은 경쟁적으로 미사일방어망 구축에 나섰는데, 소련은 이에 맞서 부분궤도폭격체계를 적용한 핵미사일 18기를 만들어 1980년대 초반까지 운용했다. 중국도 당시의 기술을 적용해 미사일을 개발한 것으로 알려져 있다. 일부 전문가들이 중국의 이런 시험이 처음은 아니라고 보는 이유다. 반세기가 지난 지금 중국이 비슷한 시험에 나선 까닭은 미중 간 패권 경쟁이 심화하는 가운데, 미국의 미사일방어망이 핵 균형을 깨뜨리는 상황을 타개하기 위한 것으로 보인다.

냉전 시기를 연상시키는 미중 간 '창과 방패'의 대결은 근본적으로는 신흥 강대국이 부상하면서 빚어지는 현상이지만, 군비 경쟁에서 이득을 취하는 세력의 영향도 무시하지 못할 변수임이 분명하다. '제국의 수도' 워싱턴에 깃든 무기개발 이권과 이를 둘러싼 이해관계에도 주목해야 하는 이유다.

무장할수록
커지는 불안

도널드 트럼프 전 대통령은 2016년 대선에서 "늪지대 모기떼들을 제거하겠다"라는 구호를 외치며 워싱턴의 이런 부패한 기득권 체제를 일소하겠다는 공약을 내걸어 유권자들로부터 큰 호응을 받았다. 그러나 말뿐이었고, 정작 그는 백만장자들과 기득권 수혜자들을 정부 고위직에 앉혔다. 레이시온의 로비스트 출신 마크 에스퍼를 2017년 육군 참모총장, 그리고 2019년에는 국방장관에 기용한 것도 단적인 사례다.

조 바이든 대통령은 상원 외교위원장을 7년이나 맡을 정도로 외교에 정통한 정치인이다. 그런 만큼 그의 대외정책이 군사보다는 외교를 중시할 것이라는 기대도 있었다. 그러나 취임 이후 그의 행보를 보면, 도리어 동아시아 지역에 무력 증강의 수위를 높여왔다는 평가가 지배적이다.

오바마 행정부의 국방장관 자문관을 지낸 밴 잭슨Van Jack-son 뉴질랜드 웰링턴 빅토리아대 교수는 2021년 10월 〈미국이 아시아를 화약고로 바꾸고 있다〉는 제목의《포린 어페어스》기고문에서 미국의 군사 우선주의 접근방식의 위험성을 지적했다. 그는 "첨단 미사일 기술이 아시아 우방국과 경쟁국들 사이에 확산하고, 핵 강국들은 광범위한 핵무기 현대화 노력을 진행 중"이라며 "미국이 이런 우려스러운 흐름의 원인은 아니지만 미국의 과도한 군사적 접근이 상황을 악화시키고 있다"라고 진단했다. 그는 핵추진 잠수함 기술의 오스트레일리아 이전, 일본의 장거리 순항미사일 연장 검토, 한국의 미사일 사거리 제한 해제 등의 조처를 중국을 불안하게 하는 대표적인 사례로 꼽았다.[6]

카네기국제평화재단의 제임스 액턴James M. Acton 핵정책 프로그램 국장은 "미국은 오래전부터 중국과 위험을 완화하기 위한 협상을 원했으나 중국이 거부했다"라며 "미국이 미사일 방어 정책을 재고하는 것이 교착 상태를 깨는 데 도움을 줄 수 있을 것"이라고 밝혔다.[7] 그는 미국의 미사일방어망을 어떻게 제한할 것인지를 놓고 미국과 중국·러시아 간에 주고받기식의 거래를 시작할 때라고 촉구했다.

7

디커플링
— 21세기의 냉전

디커플링Decoupling은 미중 간 경제·기술
생태계가 의도적으로 분리되는 상황을 말한다.
냉전 당시 진행된 미소 간 완전한 디커플링과
달리, 미국은 현재 반도체·인공지능·5G 등
핵심 첨단기술의 공급망을 분리함으로써
중국을 배제하는 '부분적 디커플링'을 시도하고
있다. 세계화의 끝, 또는 21세기의 냉전으로
불리는 디커플링은 한국에 어떤 영향을 미칠까?

기술 디커플링

세계 패권국가인 미국의 대외정책을 파악하기 위해서는 '제국의 수도' 워싱턴의 작동방식을 살펴보는 게 많은 도움이 된다. 워싱턴 정치를 움직이는 주요 기관과 플레이어들이 머릿속에 그려져야 하는데, 우선 워싱턴은 동서를 가로지르는 펜실베이니아 거리 양쪽 끝에 있는 백악관과 의회를 중심으로 돌아간다. 그 사이에 위치해 있는 재무부·국무부 등 주요 정부기관들과 포토맥 강 서변에 자리한 국방부와 중앙정보국CIA 등 정보기관이 손발이 되어 움직인다. 그리고 이 기관들 주변에 워싱턴의 정책결정자들에게 영향을 미치려는 민간 조직이 곳곳에 포진해 있다. 흔히 케이K-스트리트로 불리는 로비단체들과 싱크탱크, 대기업 지사, 경제단체, 비정부기구NGO 등 미국 내 민간 조직뿐만 아니라 외국 대사관, 외국계 대기업 지사, 국제기구 등이 그곳들이다. 이 조직들을 연결하는 촘촘한 인적 네트워크와 다양한 커뮤니티를 살펴보면 워싱턴이 실제 어떻게 움직이는지 감을 잡을 수 있다.

전운이 감도는
워싱턴의 싱크탱크

미국이란 나라가 상대적으로 개방적이긴 하지만, 정부 조직은 외국 특파원에게 상당히 폐쇄적이다. 그래서 주요 이슈에 대한 정부 분위기를 알기 위해선 민간 조직을 통하는 게 빠르다. 워싱턴은 민간 조직들이 매우 활성화되어 있어 정보의 유통이 잘 이뤄지는 편이다. 싱크탱크가 대표적이다. 그곳엔 백악관·국무부·국방부·중앙정보국 등의 전직 고위 관료들과 각 분야의 최고 전문가들이 포진해 있어 주요 이슈에 대한 미국 정부의 정책 방향을 파악하는 데 요긴하다.

싱크탱크에서 활동하던 인사가 다시 백악관이나 국무부 등의 요직으로 자리를 옮겨가는 경우도 많다. 싱크탱크는 워싱턴에 자리한 대학 4~5곳의 학문적 배경에 전직 관료들의 실무능력과 정보력 등이 결합하면서 1970~1980년대부터 워싱턴 정보 유통의 중심지로 자리 잡았다. 미국 정부와 의회의 의제 설정에도 큰 영향력을 발휘하고 있다. 존스홉킨스대 국제관계대학원SAIS과 브루킹스연구소·카네기국제평화재단·피터슨경제연구소 등 주요 싱크탱크 세 곳이 마주하고 있는 매사추세츠 애비뉴는 폴리시 스트리트policy street(정책 거리)로 불리기도 한다. 전략국제문제연구소CSIS도 인근에 있다.

대중국 정책과 관련한 전문가들도 만나볼 수 있다. 대표적으로, 오바마 행정부 때 백악관 국가안보회의NSC 초대 아시아 담당 선임보좌관이었던 제프리 베이더Jeffrey Bader는 퇴임 뒤 브루킹스로, 그의 후임 에번 메데이로스Evan Medeiros는 카네기로 각각 자리를 옮겼다. 2021년 초까지 브루킹스에서 대중국 전략 연구를 총괄했던 러쉬 도시는 백악관으로 들어가 바이든 행정부의 중국 담당 국장을 맡고 있다. 민간에서 가다듬은 전략을 실행에 옮길 기회를 잡은 셈이다.

이들 싱크탱크는 코로나19 상황을 맞아 거의 모든 세미나를 화상회의로 전환했는데, 이들 화상회의와 관련 자료를 실시간으로 온라인에 공개한다. 그런데 미중 경쟁 관련 내용을 보다 보면 깜짝깜짝 놀랄 때가 많다. 때로는 섬뜩한 느낌마저 든다. 특파원으로 활동했던 2015년에도 워싱턴에는 중국의 급부상에 대한 불안이 짙게 감돌기는 했다. 그러나 미중 간 경제력·군사력 차이를 분석하거나 '투키디데스 함정' 같은 다소 추상적인 논의가 대부분이었던 반면에, 지금은 민감한 현안을 두고 두 강대국 간 충돌 가능성에 관한 논쟁까지 벌어지고 있다.

예컨대, 2021년 10월에는 브루킹스에서 중국의 대만 공격 시나리오에 대한 미국의 대응 방향을 주제로 한 세미나가 열렸다. 연사는 트럼프 행정부 당시 국방부 전략담당 부차관보로 강경한 대중국 전략 초안을 잡았던 엘브리지 콜비Elbridge Colby였다. 그는 미국이 준비되어 있지 않으면 중국이 대만을 공격할 유인이 커진다며 미군이 전쟁에서 승리할 수 있는 방안 마련을 촉구했다. 자유주의 성향인 브루킹스에서 이런 토론이 열리고 있다는 것 자체가 워싱턴 분위기가 5년 새 얼마나 바뀌었는지를 실감케 한다.

현재 미국 정부의 '아시아 차르'로 불리는 커트 캠벨Kurt Campbell 백악관 국가안보회의 인도태평양 조정관은 오바마 행정부의 초대 국무부 동아시아태평양 차관보를 거친 외교통으로 대중국 관여 정책을 앞장서 주창해온 인물이다. 오바마 행정부가 추구한 이른바 '아시아 재균형' 정책의 설계자이기도 한 그는 야인 시절이던 2014년 중국에 대해 "거대한 도전"이라는 표현을 쓰며 관여 정책의 중요성을 강조하기도 했다. 그러던 그가 2021년 5월 스탠퍼드대가 개최한 행사에서 "미국의 대중국 정책은 넓은 의미에서 '관여'로 묘사되는 시대는 끝났다. 앞으로 지배적인 패러다임은 경쟁이 될 것"이라고 말했다. 그는 "우리의 목표는 안정적이고 평화로운 경쟁을 만드는 것"이라는 단서를 달기는 했지만, "앞으로 우려하는 순간이 올 가능성이 있다"라고 경고했다.

"미중은 상호의존한다"

경제·기술 경쟁 분야에서 가장 우려스러운 부분은 이른바 '디커플링' 가능성이다. 디커플링은 미국과 중국 간 경제·기술 생태계가 의도적으로 분리되는 상황을 말한다. 관건은 냉전 당시 미국과 소련처럼 완전한 디커플링이 가능할 것인지다. 현재로선 두 강대국의 경제·기술 생태계가 완전히 분리되는 상황은 가능하지 않다는 게 전반적인 분위기다.

조지프 나이Joseph Nye, Jr. 하버드대 석좌교수는 2021년 11월 한국 유엔체제 학회와 카이스트 4차 산업혁명 정책센터가 개최한 '글로벌 기술패권 경쟁 시대 한국의 외교·안보전략' 국제회의 기조연설에서 "워싱턴의 일부 사람들은 우리와 중국을 연결한 공급망을 변화시키는 '그레이트 디커플링'을 이야기하는데, 이는 현실을 오도하는 주장"이라고 말했다. 그는 "안보와 직결된 일부 공급망을 (중국과) 디커플링하는 것은 중요하지만, 막대한 경제적 비용 없이 미국이 중국으로부터 경제를 완전히 디커플링할 수 있다고 생각하는 것은 실수"라며 "현재의 대중국 관계와 냉전의 차이점은 바로 그 상호의존성"이라고 지적했다.

나이 교수의 주장처럼 현재 미중 간 경제적 상호의존도는 매우 깊다. 트럼프 행정부가 2018년 중국 수입품에 고율의 관세 부과를 단행하며 의존도를 줄이려는 시도에 나섰지만 3년 간의 실험은 사실상 실패로 평가받고 있다. 미 의회의 초당적 기구인 미중 경제·안보검토위원회는 이달 중순 펴낸 보고서에서 "미중 간에 긴장이 높아졌지만 무역 불균형은 미국이 2018년 중국산 수입품에 고율 관세를 부과하기 이전 수준으로 복귀하고 있으며, 미국의 중국에 대한 자본 투자는 오히려 증가하고 있는 추세"라고 진단했다.[1]

실제로, 미국의 대중국 무역적자는 2021년 3535억 달러로 전년보다 14.7% 증가해, 대중국 관세 부과 직전인 2017년(3752억 달러 적자)에 다시 근접하고 있다. 미국 투자자들은 중국의 주식·채권을 2020년 말 기준으로 약 1조2000억 달러 보유하고 있는데, 이는 2017년 7650억 달러에서 57.5%나 급증한 것이다. 중국의 미국 주식·채권 보유액은 2020년 말 기준으로 2조1000억 달러다.[2] 이런 상황은 두 강대국이 상호 간에 격렬하게 제재와 반-제재 조처를 취했음에도, 민간 기업과 투자자들의 경제교류는 떼려야 뗄 수 없는 수준에까지 와 있는 현실을 보여준다.

2021년 11월 화상으로 열린 미중 정상회담 결과도 완전한 디커플링의 가능성을 낮춘 것으로 보인다. 두 정상은 긴장 완화를 위한 돌파구를 마련하지는 못했지만 두 나라 관계가 충돌로 악화할 가능성을 낮추기 위한 관리 필요성에는 공감했다. 바이든 대통령은 "미국과 중국의 지도자로서 우리의 책임은 의도하든 의도하지 않든 경쟁이 충돌로 바뀌지 않도록 하는 것"이라고 말했다. 시진핑 주석도 바이든을 "오랜 친구"라고 응대했다.

문제는 '분리의 정도'

그러나 부분적 디커플링은 엄연한 현실이 되고 있다. 부분적 디커플링은 반도체·인공지능·5G 등 미래 산업과 군사력에서 우위를 점하는 데 핵심적인 '민군 겸용'의 첨단기술 분야 공급망 일부를 분리하는 걸 일컫는다. 이미 트럼프 행정부에 이어 바이든 행정부가 디커플링이라는 용어만 쓰지 않고 있지, 사실상 부분적인 디커플링을 시행 중이다. 트럼프 행정부는 각종 수출제한 제도를 통해 첨단기술 제품의 중국 반입을 제지했으며, 바이든 행정부는 더 나아가 반도체·배터리·핵심광물·의약품 등의 글로벌 공급망에서 중국을 배제하는 전략을 추진하고 있다.

전략국제문제연구소는 2021년 10월 디커플링 이슈를 다룬 〈분리의 정도〉라는 제목의 흥미로운 보고서를 내놨다. 국제통화기금IMF 이코노미스트를 거쳐 2017년까지 미 재무부 동아시아과장을 지낸 스테퍼니 시걸Stephanie Segal 수석연구원이 연구 책임자다. 보고서는 "일정 정도의 기술·데이터 분리는 불가피하다"라며 "미국과 중국의 현재 정책이 일정 정도의 기술·데이터 분리를 초래할 것임이 점차 분명해지고 있다"라고 진단했다. 이어 "미국이 중국을 배제하고 동맹국·우방국들과 함께 표준을 제정하고 정책을 공조하는 프로젝트를 강조하는 건 미국의 전략이 분리를 독려하는 건 아니지만 이를 암묵적으로 받아들이고 있다는 명확한 신호"라고 덧붙였다.

보고서는 영국·오스트레일리아가 이미 오커스AUKUS*에 참여함으로써 사실상 '미중 분리'를 맞닥뜨리고 있다고 해석했다. 반면에 다른 동맹국과 유럽연합은 여전히 모호한 입장을 취하고 있다면서, 특히 유럽연합이 주요한 와일드카드가 될 것으로 예상했다. 보고서는 "미국이 디커플링의 범위를 얼마나 좁게 또는 폭넓게 추구할지, 그리고 중국은 어떻게 대응할지에 많은 것들이 달려 있다"라고 밝혔다.[3]

결국 두 강대국의 의도와 행동에 따라 글로벌 경제·기술 생태계가 거대한 변화의 회오리에 직면하게 될 것이라는 얘기다. 최악의 경우엔, 한국과 같은 낀 나라는 두 강대국 사이에서 양자택일의 고통스러운 선택을 강요받는 상황에까지 내몰릴 수 있다.

---

*   미국·영국·오스트레일리아 3자로 구성된 인도-태평양 지역의 외교·안보 동맹. 2021년 9월에 발족되었다.

자본 디커플링

2018년 여름 중국 베이징을 방문했을 때 디디추싱滴滴出行, DiDi 차량을 이용한 적이 있다. 디디추싱은 '중국판 우버'로 불리는 중국 최대 차량공유 서비스 업체다. 머물던 호텔에서 시내 음식점을 가는데 베이징에 사는 지인은 스마트폰 앱으로 디디추싱 택시를 호출했다. 채 5분도 안 되어서 택시가 도착했다. 새 차인 듯싶었고, 내부는 정갈했다. 낡고 칙칙한 서울의 택시에 익숙한 승객에게는 낯설고도 신선한 경험이었다. 목적지에 도착하자 지인은 카드 결제도 없이 그냥 내렸다. 자신의 모바일 결제서비스 계정에서 자동으로 빠져나간다고 했다. 2016년 우버가 중국 시장에서 철수한 이유를 알 만했다.

디디추싱 사건,
자본 디커플링의 시작

디디추싱은 2021년 6월 30일 중국 규제당국의 반대를 무릅쓰고 호기롭게 미국 뉴욕 증권거래소에 상장했다. 기업공개로 조달한 금액이 무려 44억 달러(약 5조 원)에 이른다. 2014년 뉴욕 증시에 입성한 알리바바(공모금액 250억 달러) 이후 최대 규모다. 그런 디디추싱이 반년도 되지 않은 2021년 12월 3일 뉴욕 증시에서 상장 폐지를 결정해 또 한번 세계를 떠들썩하게 만들었다. 주가는 하루 동안 22% 폭락했고, 결국 반토막이 났다. 트럼프 시대 최대 피해 기업이 화웨이라면, 바이든 행정부 들어 미중 갈등의 최대 피해 기업은 디디추싱이라도 해도 과언이 아닐 정도다.

디디추싱의 뉴욕 증시 상장 이후 벌어진 일련의 일들은 이 기업과 투자자에게 초래한 피해도 문제지만, 미중 간 자본시장 디커플링의 시작을 알리는 사건일 수 있다는 점에서 주목할 만하다. 디디추싱의 상장이 문제가 된 이후 중국 IT 기업의 미국 증시 상장은 찾아보기 어려운 지경이다. 미국 증시는 2000년대 초부터 중국 IT 업계의 대표적 자본 조달 창구였다. 지금까지 248개 중국 기업이 미국 증시에 상장했으며, 그 시가총액은 2조1000억 달러(약 2481조 원, 2021년 5월 기준)에 이른다.[4] 트럼프 행정부 당시 중국에 대한 무차별적 공세에도 불구하고 20년간 이어져온 미중 자본시장의 공존 기조에는 흔들림이 없었다. 중국 기업의 자본 조달은 계속됐으며, 미국 투자자들은 중국의 경제 급성장과 IT 기업 붐이 가져다준 과실을 따먹는 데 여념이 없었다. 그러나 디디추싱 사건이 판을 완전히 바꿔놓고 있다.

중국의 통제

그 전에도 차이나텔레콤 등 일부 중국 기업의 상장 폐지가 있었지만 대부분 미국 정부가 국가안보 리스크나 인권침해 연루를 이유로 제재 대상 기업으로 지목한 영향이 컸다. 그러나 디디추싱은 사정이 다르다. 무엇보다 자국 정부인 중국의 압력이 크게 작용했다는 점이다. 중국 전국인민대표대회는 2021년 6월 중국 내 데이터의 국외 이전을 제한하는 내용의 데이터보안법을 통과시켰다. 중국 인터넷 기업이 수집·저장하고 있는 데이터가 잠재적으로 국가안보 리스크와 직결된다는 게 이유였다.

중국 국가인터넷정보판공실도 2021년 6월 공개한 '자동차

데이터 안전에 관한 규정' 초안에서 군사 구역 등 민감한 지역의 사람과 차량의 유동 현황, 국가 공표 지도보다 정밀도가 높은 측량 데이터 등을 '중요 데이터'로 분류하고, 이를 국경 밖으로 가져가려면 반드시 당국의 검토를 거치도록 했다. 중국 당국은 디디추싱이 뉴욕 증시 상장을 강행한 지 이틀 만에 디디추싱의 데이터 보안 조사에 착수하고, 앱스토어에서 디디추싱 앱을 삭제하는 조처까지 취했다.

더 나아가 중국은 2021년 7월에 100만 명 이상 사용자의 데이터를 보유한 기업은 외국 증시 상장 전에 당국의 검토를 받도록 의무화하는 규정도 발표했다. 알리바바 등 대부분의 IT 기업이 여기에 해당한다. 이런 대대적인 데이터 보안 강화 조처가 잇따르면서 미국 증시에 상장된 중국 기업의 주가는 일제히 폭락했다.《월스트리트 저널》은 금융분석업체 팩트셋의 자료를 인용해 "미국 증시에 상장된 중국 기업의 시가총액은 7월 한 달 동안에만 4000억 달러(약 473조 원)가 증발했다"라고 추산했다.

미국의 규제

미국 정부도 뉴욕증시에 상장된 중국 기업에 대한 압박에 가세

했다. 트럼프 대통령은 퇴임 직전인 2020년 12월 18일 '외국회사문책법안HFCAA'에 서명을 했다. 이 법은 미국에 상장된 외국 기업은 외국 정부 소유가 아니고 외국 정부에 의해 통제되지 않는다는 것을 증명하도록 강제한다. 특히 외국 회계법인이 상장사 회계감사를 하면서 취득한 회계 관련 증거자료에 대해 미국 규제당국이 3년 연속 검사를 하지 못할 경우 증권 거래를 금지한다. 이미 미중은 거의 10년간 이 회계 검사권을 놓고 갈등을 빚어왔는데 협상에 진척이 없었다. 중국은 이런 '무제한' 자료 접근권은 국가안보를 위협하는 것이라며 반발해왔다. 데이터를 많이 보유한 인터넷 기업의 경우, 회계 증거자료에는 고객 정보뿐만 아니라 회사와 정부기관 간에 오간 이메일 등이 포함되어 있기 때문이다.

중국 기업들이 미국 증권거래소에 상장하기 위해 이용한 우회 상장 방식인 이른바 '가변이익실체VIE' 모델에 대해 미국 규제당국이 경고하고 나선 점도 문제가 됐다. 중국은 지금도 인터넷·통신 등 IT 기업에 대한 외국인 투자를 제한하고 있는데, 가변이익실체는 이런 규제를 편법으로 회피하려는 것이다. 일테면 케이맨군도 같은 조세회피처에 지주회사를 설립한 뒤, 이 지주회사가 중국 내에 외자기업을 설립해 중국 기업과 다양한 계약을 맺는 방식을 취한다. 미국 투자자들은 중국 기업의 지분을 직접 취득하지 않으면서 계약에 따른 이익을 배분받는다.

이는 애초 미국 에너지기업 엔론이 1990년대에 부채를 숨기기 위해 사용했던 방식인데, 엔론의 분식회계 사건을 계기로 미국 규제당국이 이를 연결재무제표에 포함시키도록 의무화한 것이다. 다시 말해 장부에 기록되지 않은 부채를 드러내기 위한 일종의 양성화 조처인 셈인데, 중국 기업들이 이를 교묘하게 활용한 것이다. 2000년 시나닷컴이 이 방식으로 나스닥에 첫 우회 상장한 이후 알리바바·바이두·텐센트 등 대부분의 중국 기업이 이 방식을 따랐다. 정상적 루트로는 미국 증시 상장이 불가능하기 때문이다.

그런데 미국 증권규제 당국의 수장인 게리 겐슬러Gary Gensler 증권거래위원회SEC 위원장이 2021년 9월 《월스트리트 저널》 기고문에서 가변이익실체 모델의 유효성에 의문을 던져 투자자들을 깜짝 놀라게 했다. "이런 계약 방식은 사실상 미국 투자자들에게 (중국) 회사에 대한 소유권을 부여하지 않는다. 일부 투자자들은 중국에서 영업하는 회사라기보다는 케이맨군도의 명의뿐인 회사에 자신들의 돈을 투자하고 있다는 걸 깨닫지 못해 우려스럽다."[5]

휘청이는 20년의
공존 모델

이렇게 규제 강화 또는 경고가 이어지자 중국 기업들도 자구책 마련에 나섰다. 2019년 알리바바가 뉴욕 증권거래소에 잔류하면서도 홍콩 증권거래소에 재상장하는 결정을 내리자 다른 기업들도 뒤따르고 있다. 2021년 말까지 16개 기업이 홍콩 증시에 재상장했다. 홍콩 증시를 추가적인 자본 조달 창구로 이용하면서 동시에 미국 증시에서 퇴출되는 최악의 상황에 대비하려는 의도다. 이는 미국 투자자들에게도 '안전판'이 될 수 있다. 미국 증시에서 상장 폐지되더라도 홍콩 증시의 주식과 교환할 수 있기 때문이다. 재빠른 일부 미국 기관투자자를 중심으로 미국 증시의 주식을 홍콩 증시의 증권과 맞교환하는 사례가 늘고 있다.

2001년 중국의 WTO 가입을 계기로 미중이 경제적 상호의존을 심화하며 '윈윈'을 해온 지난 20년간은 이런 회색지대가 큰 문제가 되지 않았다. 오히려 이런 빈틈을 이용해 중국의 스타트업은 세계 최대 자본시장인 미국 증시에서 성장에 필요한 대규모 자금을 조달할 수 있었고, 미국 투자자들은 안방에서 짭짤한 자본이득을 얻을 수 있었다. 그러나 미중 갈등이 심화하면서 이런 약한 고리에서부터 문제가 불거지고 있는 형국이다.

자본시장 참여자들은 차익을 위한 위험은 감수하지만, 정부 규제로 인한 불확실성은 극도로 싫어한다. 미중 양국이 모두 규제를 강화하는 추세가 이어진다면 중국 IT 기업의 미국 증시 상장을 통한 윈윈 모델은 더 이상 작동하지 않을 가능성이 높다. 물론 미중 간 자본 거래에 기업의 직접 상장 방식만 있는 건 아니다. 미국 기관투자자들이 운용하는 투자펀드를 통해 중국 증시에 상장된 IT 기업에 간접투자하는 방식도 보편화되어 있다. 미중 갈등의 영향이 현재까지는 이런 식의 간접투자에는 미치지 않은 모양새다. 그러나 디디추싱 사건을 계기로 미중 간 자본시장 공존 모델의 한 축이 타격을 받은 것만은 분명해 보인다.

에필로그

미중의 충돌과
태풍 오른쪽의 한반도

클린턴의 실패한 도박

빌 클린턴 미국 대통령은 1993년 10월 첫 아시아·태평양경제 협력체APEC 지도자회의를 준비하면서 현인그룹의 사전 브리핑을 받았다. 12개국 정상이 참여하는 이 회의에서 2020년까지 아·태 지역에 자유롭고 개방된 무역·투자 공동체를 만드는 비전을 발표한다는 게 핵심이었다. 이 회의에는 김영삼 대통령과 장쩌민 중국 국가주석도 참석하기로 되어 있었다.

클린턴 대통령은 당시 현인그룹에 이런 질문을 던졌다. "그들(중국)이 더는 우리가 필요하지 않을 때가 되면 우리에게 '바이 바이'라고 하지 않을까?" 중국이 세계시장과 교역을 할 기회를 잡아 혜택을 누리고 난 뒤 미국을 배신하지 않을까 하는 의구심이었다. 현인그룹 의장이었던 프레드 버그스텐Fred Bergsten 미국 피터슨국제경제연구소 명예이사는 이렇게 회상했다. "클린턴은 중국을 끌어안는 도박을 하기로 결정했다. 당시 냉전 승리에 들떠 있던 미국은 세계 경제에서 차지하는 우월적 지위가 거의 절정에 있었고 중국은 여전히 경제 급부상의 초기 단계에 있었다."[1]

30년이 흐른 지금 클린턴의 의구심은 현실이 됐고, 워싱턴의 정치지도자들은 당시 결정을 크게 후회하고 있다. 토니 블링컨 미국 국무장관이 2022년 5월에 발표한 '대중국 전략'은 미국이 더 이상 중국을 신뢰하지 않는다는 선언이었다. 그는 "중국의 대전환은 국제 질서가 제공한 안정성과 기회에 의해 가능했다. 지구상 어떤 나라도 이로부터 중국보다 많은 혜택을 누리진 않았다. 그러나 중국은 성공을 가능하게 한 법과 합의, 원칙, 기구를 강화하기 위해 힘을 사용하기보다는 이를 훼손하고 있다. 시진핑 주석하에서 중국공산당은 중국 내에서 더욱 억압적으로, 해외에서 더욱 공격적으로 변했다"라고 비판했다. 중국이 미국 주도의 국제질서에서 많은 혜택을 받았음에도 여기에 기여하기보다 오히려 이를 훼손하고 있다고 지적한 것이다.

그는 이어 "우리는 중국이 궤도를 바꿀 것이라는 기대에만 의존할 수 없다. 자유롭고 포용적인 국제 시스템을 위한 비전을 발전시키기 위해 중국을 둘러싼 전략적 환경을 형성할 것"임을 밝혔다. 이를 위해 미국은 '투자, 제휴, 경쟁'(자체 경쟁력 강화, 동맹 규합을 통한 협공, 중국과의 경쟁)이라는 3대 원칙에 따라 행동을 할 것이라고 천명했다. 중국이 스스로 바뀌지 않을 테니 미국이 중국을 둘러싼 전략적 환경을 만들어냄으로써 변화를 강제하겠다는 것이다. 그 과정에서 불가피할 충돌까지도 감수하겠다는 의지가 엿보인다.

G2의 시대

미중 관계는 냉전 2.0 시대의 초입에 들어서 있다. 두 나라의 패권 경쟁은 경제·외교·이데올로기·군사 전 분야에서 벌어지고 있다. 2022년 5월 조 바이든 미국 대통령의 한일 순방은 그 경쟁의 골자와 미국의 전략을 그대로 보여준다. 바이든 대통령은 한국에 입국하자마자 이례적으로 삼성 반도체 공장을 찾았다. '기술동맹'의 과시였다.

이어 일본에선 중국을 배제한 채 아시아 13개국으로 구성된 인도·태평양경제프레임워크IPEF의 출범을 알렸다. 또한 안보협의체인 쿼드 정상회의에선 기후·사이버보안·중요 기술·우주 등 분야에서 협력하기로 했다. 인도·태평양 지역에서 영향력을 확대하는 중국을 견제하는 데서 더 나아가 중국을 배제한 새로운 아시아 경제블록을 만들겠다는 것이다.

중국과 러시아는 쿼드 정상회의가 진행 중이던 2022년 5월, 독도가 자리한 동해의 한국방공식별구역KADIZ에서 전략폭격기 연합 훈련을 실시했다. 러시아가 동원한 Tu-95와 중국의 H-6은 핵을 탑재할 수 있는 전략폭격기다. 중러 국방부는 "통상적인 훈련"이라고 밝혔지만, 쿼드 정상회의에 보내는 위협임을 모르는 이는 없다.

미중 관계가 이렇게 파국의 문턱에 이른 것은 중국의 경제·군사력이 급성장했기 때문이다. 특히 민군 겸용으로 활용 가능한 첨단기술의 급속한 발전은 미국의 경제패권, 나아가 군사패권까지 위협하고 있다.

추월, 경합, 추격

미국이 첨단기술 전반에서 앞서 있다고 평가받지만, 중국은 일부 분야에선 이미 미국을 추월했고, 나머지 분야에서도 맹렬히 추격 중이다. 하버드대와 베이징대가 저마다 양국의 기술력을 비교 분석한 보고서에 이런 점이 잘 나타나 있다.

하버드대 벨퍼센터는 2021년 12월 "중국은 일부 분야에서 이미 세계 1위가 됐고, 현재 추세라면 다른 분야에서도 10년 안에 미국을 따라잡을 것"이라고 평가했다. 구체적으로 5G는 중국이 앞선 것으로, 인공지능은 거의 동급의 경쟁자로 평가했다. 양자기술 전반에서는 미국이 우위이지만 양자통신 부문은 중국이 추월했다. 반도체 산업에서도 반도체 제작과 칩 설계 부문에서는 중국이 미국에 근접했다. 녹색에너지기술은 미국이 개발자였지만, 생산과 이용 측면에서는 중국이 압도한다. 바이오테크는 미국이 우위다.[2]

베이징대 국제전략연구원은 2022년 1월 보고서에서 "중국은 (미국과의 경쟁에서) 기술적으로 다수의 분야에서 '뒤따라가기'를, 소수의 분야에서 '나란히 가기'를, 극소수 분야에서 '앞지르기'를 하는 태세를 갖추었다. 앞으로 중국은 더 많은 기술 분야에서 미국과의 '세대 차이'를 좁히고, 일부 핵심 기술에서 '자율적 통제 가능'을 이룰 수 있겠지만, 미국을 완전히 추월하는 것은 상당히 긴 과정이며 어렵고 힘든 도전에 직면할 것"이라고 밝혔다.

보고서는 현재 중국은 주로 통신기술, 항만·기계, 철도·교통 분야에서 미국을 앞설 가능성이 있는 것으로 평가한 반면, 바이오기술·정밀화학·산업용소프트웨어·반도체제조·의료장비·민간항공엔진 등 분야에선 격차가 큰 것으로 평가했다. 또한 뇌·컴퓨터 인터페이스 기술, 양자기술, 인공지능 등 신흥 기술 분야와 관련해선 "미국, 중국을 포함한 많은 국가가 경쟁에서 우위를 선점하기 위해 자원을 동원하고 있다"라며 경쟁 관계로 평가했다.[3]

흥미로운 점은 하버드대는 중국의 약진을, 베이징대는 미국의 우위를 강조하고 있다는 것이다. 서로 자국 정부의 분발을 촉구하려는 의도가 엿보이는 대목이다. 한편 매우 중요한 영역임에도 두 대학 모두 드러내 강조하지 않은 대목이 있다. 바로 리튬·흑연·희토류 등 핵심광물이다. 핵심광물은 스마트폰·컴퓨터·가전 등 소비재뿐만 아니라 배터리·풍력터빈 등 신재생에너지 산업, 나아가 첨단무기의 원재료로 쓰인다. 19세기와 20세기 증기기관과 내연기관의 연료가 석탄·석유였다면, 21세기 디지털 기술과 신재생에너지의 연료는 핵심광물이다. 핵심광물은 현재 중국이 독과점하고 있다. 미국이 휘두르는 첨단기술 수출제한 조처에 대항할 수 있는 무기를 중국도 가진 것이다. 다만 이 무기를 꺼내어 돌아올 수 없는 강을 건너는 상황은 두 나라 모두 피하고 싶기에 감춰두고 있을 뿐이다.

10년의 전망

미중 패권 경쟁은 앞으로 10년이 분수령이라고들 한다. 중국이 지금까지의 추세로 경제 발전과 기술 개발을 지속한다면 10년 뒤에는 미국의 지위를 위협할 수 있다는 것이다. 지나온 역사는 국가 간 기술 이전은 시간의 문제일 뿐, 결코 막을 수 없음을 보여준다. 이를 잘 알기에 미국이 중국 견제, 나아가 중국 약화시키기에 박차를 가하는 것이다.

두 나라를 모두 잘 아는 전문가로 평가받는 케빈 러드Kevin Rudd 전 오스트레일리아 총리는《피할 수 있는 전쟁: 미중 간 재앙적 충돌의 위험The Avoidable War》(2022)에서 "2020년대는 미중의 힘의 균형의 역학 관계에서 결정적 10년이 될 것이다. 두 나라 전략가들은 모두 이것을 알고 있다"라고 말한다. 그는 "2020년대는 두 나라가 위태롭게 사는 시기가 될 것"이라며 "두 나라가 공존의 길을 찾는다면 세계는 더 나아지겠지만, 실패한다면 전쟁의 가능성이 놓여 있는 길로 갈 것이다. 이 전쟁은 우리가 상상할 수 없는 방식으로 두 나라와 세계의 미래를 다시 쓰게 될 것"이라고 말했다. 덧붙여 "지금 단계의 미중 관계에서 '냉전 2.0' 시대로 바꿀 만한 일련의 사건들을 상상하기는 어렵지 않으며, 이는 열전을 촉발할 위험성도 있다"라고 경

고했다.[4]

미중 패권 경쟁은 둘 사이에 낀 나라들이 받을 타격이 더 크다. 전쟁 같은 극단적인 시나리오를 배제하고 경제적 측면만 따져봐도 그렇다. 두 강대국이 보호주의로 돌아설 경우 우리처럼 무역으로 먹고사는 나라들은 후폭풍이 클 수밖에 없다. 이런 예측은 IMF 보고서에서도 확인된다. IMF는 2020년 미중 간 첨단기술 분야의 교역이 중단되는 '기술 디커플링'이 현실화할 경우 시나리오별로 주요국 경제에 미칠 부정적 영향을 추정했다. 대상 국가는 미중과 한국·일본·유럽·인도 등 6개국이다. 시나리오는 미중 간 디커플링, OECD-중국 간 디커플링을 상정하고, 각 나라는 같은 블록 내에서만 교역을 하는 경우와 두 블록 모두 교역이 가능한 경우 두 가지로 구분해 추정했다.

그 결과 미중 간 디커플링이 이뤄지고 같은 블록에서만 교역이 허용될 경우, 미국과 중국의 국내총생산GDP 감소율이 각각 3%, 4%가량으로 추정됐다. 그런데 OECD와 중국 간 디커플링이 이뤄질 경우에는 상황이 많이 달랐다. 미국은 감소율이 1%대에 그쳤지만, 중국은 8%에 달했다. IMF 보고서에 따르면 미국은 동맹·우호국과 연합해 중국과 디커플링하는 게 최소 비용으로 큰 타격을 입힐 수 있는 셈이다.

한국은 미중 간 또는 OECD-중국 간 디커플링이 이뤄져도 두 블록과 모두 교역이 허용될 경우에는 국내총생산이 소폭 증가했다. 한국이 중국을 대체하는 어부지리 효과를 보기 때문이다. 그런데 같은 블록 내에서만 교역이 허용될 경우에는 한국이 입을 타격은 치명적이다. 미중 간 디커플링 때는 GDP 감소율이 6%로 조사 대상국 중 피해가 가장 컸다. OECD-중국 간 디커플링 때도 감소율이 5%에 달했다. 일본은 두 시나리오 모두에서 한국의 절반에 해당하는 피해를 입는 것으로 나타났다. 인도는 미중 디커플링 때에는 -1%였지만, OECD-중국 디커플링 때는 0%였다.[5]

이는 한국 경제의 대외의존도가 일본·인도에 견줘 매우 높은 데서 기인하는 현상이다. 이런 예측은 미중 패권 다툼을 대하는 안목과 태도에 중요한 실마리를 던져준다.

한국의 활로

문재인 정부 청와대에서 경제수석과 정책실장을 지낸 이호승 전 실장은 미중 갈등 국면에서 끊임없이 선택을 고민해야 했다고 말했다. 이 전 실장은 일본의 반도체 원자재 수출 중단, 요소수 사태, 자동차용 반도체 품귀 등을 경험하며 나름의 결론을 내리고 있었다. 그에게 앞으로 미중 패권 경쟁 속에서 어떻게 활로를 모색해야 할지 물었다.

그는 우선 한국 경제와 기업이 처한 상황을 이렇게 요약했다. "한국 경제의 특징 중 하나는 인구 5000만의 좁은 내수예요. 그래서 진취적으로 대외 진출을 하고, 생존을 걸고 혁신해온 겁니다. 이 국내 시장만 놓고는 우리 기업들이 사업 설계를할 수가 없어요. 그래서 미국과 중국의 관계 속에서 기업 활동을 할 수밖에 없어요. 그런데 미국은 우리와 유일한 군사동맹입니다. 한미동맹이 흔들리면 국가 운영이 잘 안 돼요. 또 상당히 많은 하이테크의 원천 기술이 미국에서 옵니다. 반면에 우리 수출의 1/3이 홍콩을 포함한 중국으로 가요. 시장을 크게 의존하고 있어요. 그리고 공급망도 상당히 의존하고 있고요. 그래서 조화와 균형이 필수적인 영역이라고 봅니다."

그의 말대로 한국과 같은 지정학·지경학적 조건을 가진 나라에 전략적 균형 유지는 생존에 필수불가결한 요소다. 그렇다면 우리는 어떤 원칙과 전략을 가지고 균형을 유지해 국익을 최대화할 수 있을까. 그의 말은 이렇게 이어진다.

"그런데 이 두 나라 중 어느 편에 자꾸 서라고 주장하는 사람들이 있어요. 국가를 운영하는 측면에서는 그렇게 갈 수가 없어요. 이걸 선택의 문제로 국한해서 보면 국익에 부합을 안하는 거고, 너무 성급해요. 물론 어쩔 수 없이 나중에 선택을 할 수밖에 없는 국면이 올지도 모른다는 생각을 합니다. 두 나라가 다투다가 이를테면 극단적으로는 대만을 둘러싸고 전쟁을 한다고 가정을 해봅시다. 그렇게 되면 당신은 어느 편이냐고 묻는 경우가 생길 수도 있습니다. 그러나 (그 전에) 성급하게 어느 편에 빨리 서야 한다, 어느 편은 배제해야 한다는 태도는 단견이라고 봅니다. 그래서 제가 잠정적으로 가지고 있는 기준은 우리가 선진국으로서 민주주의·환경·공정한 경쟁이라는 보편적 가치에 대해 분명하게 지지를 하는 것입니다. 또한 개방형 통상국가로서 자유무역과 다자주의 원칙을 지켜 나가는 것입니다. 이런 원칙은 누구도 거부하지 못할 것입니다. 이런 원칙 속에서 누구를 배제하거나 누구하고만 관계를 맺거나 그렇게 하지는 않는다라고 할 수밖에 없다고 봅니다. 당분간은 이런 기준이 국익에 제일 부합한다고 생각합니다."

한국의 역할

2016~2017년 미국의 사드 배치 때 겪었던 경험에서도 교훈을 얻을 수 있다. 미중 간 전략적 이해관계가 걸린 이슈에서는 한쪽에 너무 기운 정책은 위험하다. 당시 사태가 커진 데는 우리

정부의 안이한 대응도 화근을 제공했다. 사드의 한국 배치가 동북아 전략 균형에 끼치는 영향을 고려할 때 미중 간의 갈등은 예견이 되는 사안이었지만, 우리 정부는 수수방관했다. 문제가 불거진 초기에 가능한 한 빨리 국익을 최대화하는 해법을 도출하고 물밑에서 양해를 구하는 절차를 밟았어야 했다. 그러지 않고 눈치 보기만 했으니 우리 정부에 대한 불신만 증폭되었다. 미국 쪽에선 한국이 중국에 점점 밀착해간다고 의심하고, 중국에선 이미 (사드 배치를) 결정한 것 아니냐고 의심했다. 핵심적 국익이나 주권이 걸린 문제일수록 원칙을 분명히 세우고 적극 설득해야 한다. 앞으로 이런 이슈들은 계속해서 불거질 것이다.

최근 몇년 새 미국 중심으로 '경제안보' 논리가 유행처럼 번지고 있다. 윤석열 정부도 경제안보를 대외정책의 기조로 채택했다. 그런데 경제안보는 기본적으로 미중 간 패권 다툼에서 승리하려는 강대국의 논리가 배어 있다. 두 나라는 서로 상대국을 제압해 패권을 차지하는 게 국익에 유리하다. 그러나 대외의존도가 높은 한국은 사정이 다르다. 보호무역주의를 초래하는 경제안보보다는 무역자유화를 주장해야 한다. 경제와 안보를 디커플링하는 게 국익을 최대화하는 길이다.

이를 위해 우리는 이해관계와 역량이 엇비슷한 '중견 강국'

들과 연대 외교를 통해 미중 사이를 완충해야 한다. 일개 국가의 힘만으로는 불가능한 일이기 때문이다. 아시아에선 아세안 ASEAN(동남아국가연합)과 인도·일본·호주, 유럽에선 독일·프랑스, 북미의 캐나다가 그런 곳들이다. 이들과 다자협력체를 만들어 평화공존의 길을 모색해야 한다. 인도·태평양경제프레임워크IPEF에서도 중국까지 포용하는 규범을 만들어야 한다. 이미 아세안과 인도가 그런 목소리를 내고 있다. 유럽연합도 경제안보 논리 대신 '개방적·전략적 자율성'을 대외정책 기조로 채택하고 있다. 이는 미국과 최대한 협력하되 대중국 정책에서는 가능한 한 자율성을 확보하려는 것이다. 이런 유대를 통해 미중 모두에게 국제 규범을 준수하도록 요구하고, 두 나라의 경쟁이 파국으로 치닫지 않도록 안전판 구실을 해야 한다.

파괴적 경쟁과
경쟁적 공존 사이

미국은 여전히 세계 최강국이지만 그 힘이 예전 같지 않다. 2022년 대러시아 제재 때도 G20 가운데 미국 주도의 대러 제재에 동참한 곳은 절반에 그쳤다는 게 이를 상징적으로 보여준다. 그렇다면 미국이 대중국 제재에 동참을 요구할 때 이를 거부할 나라도 적지 않을 것이다. 현재 중국이 최대 무역 파트너인 나라가 60개국이나 되기 때문이다. 이런 나라들과 함께 보호무역주의를 배격하는 목소리를 내야 한다.

중국에도 국제규범을 받아들이도록 계속해서 요구해야 한다. 중국도 '중진국 함정'에서 벗어나 고소득 국가로 발돋움하기 위해선 외국의 선진 기술 습득이 무엇보다 중요하다. 중국 또한 제3세계와의 교역만으로는 이런 목표를 달성하기 어려우며, 현재의 국제질서 속에 머무르는 게 여러모로 이롭다는 점을 잘 알고 있다.

미중 경쟁은 우리에게는 기술력과 산업경쟁력을 유지·확대하는 기회가 될 수도 있다. 우리는 미국과의 기술 협력을 통해 원천 기술에 접근할 수 있지만, 중국은 미국의 제재로 기술 접근에 제약이 따르기 때문이다. 예컨대, 반도체·배터리 같은 분야는 세계시장에서 더 확고한 입지를 다질 수 있다. 중국에 뒤처져 있는 인공지능·클라우드·빅데이터·항공우주·양자기술 등에서도 추격의 발판을 마련할 수 있다. 요컨대 미국과의 협력을 통해 기술을 업그레이드하는 한편으로, 중국과의 기술 격차를 벌리는 기회가 될 수 있다는 얘기다. 그러나 이런 행운의 시간이 얼마나 남아 있을지는 아무도 모른다.

2020년대의 미중 관계는 19세기 말~20세기 초 영국과 독일의 패권 경쟁 구도와 유사하다. 당시 기술혁신(2차 산업혁명)이 한창 진행되는 가운데 국가 주도 경제와 권위주의 체제의 신흥 강국인 독일이 대영제국의 패권에 도전장을 내밀었다. 두 나라는 관세 부과, 기술 표준 설정, 기술 탈취, 제3세계 인프라 투자 등 오늘날의 미중과 다를 바 없는 공방을 주고받으며 치열한 경쟁을 벌였다. 영국과 독일의 경제적 상호의존도 역시 미중만큼이나 깊었다. 그러나 경쟁의 결과는 제1차 세계대전이라는 대재앙이었다.

오늘날의 미중 또한 마주 달리는 기차처럼 위험한 질주를 하고 있다. 기술의 진보 단계가 4차 산업혁명이라는 점, 그리고 대결의 주무대가 유럽에서 동아시아로 바뀐 점 등만 빼면 미중 대결은 영독 대결의 판박이다. 한국 등 주변국들이 진영 대결이나 각자도생에만 매몰된다면 비극의 역사는 다시 반복될 것이다.

140여 년 전 청나라 외교관 황쭌셴(황준헌)은 《조선책략》에서 쇄국정책을 펴고 있던 조선을 향해 러시아의 남하를 막기 위해선 "중국과 친하고, 일본과 맺고, 미국과 연결"(친중-결일-연미)함으로써 자강을 도모할 것을 권고했다. 강대국 사이에서 줄타기 외교를 통해 강대국간 힘의 균형을 만들라는 얘기였다. 절묘한 방도였지만 그런 균형을 취할 힘을 가지지 못한 조선은

열강의 식민지로 전락할 수밖에 없었다.

지금은 다르다. 반도체를 비롯한 첨단 산업에서 한국은 미중이 무시하지 못할 존재감을 가지고 있다. 세계 최강 미국의 대통령이 한국의 반도체 공장을 직접 찾아 기술 협력을 요청하는 것은 지금껏 보지 못한 장면이다. 반대로 미국의 '칩4 Chip4'(미국·한국·대만·일본 간 반도체 공급망 협의체) 추진에 대해 중국이 한국에 '중재자' 역할을 주문하는 기류를 보인 장면도 마찬가지다. 중국 관영 매체들은 한국이 부득이하게 칩4에 합류한다면 균형자 역할을 기대한다는 사설을 내놓기도 했다.

지금은 변화된 국제질서와 높아진 우리의 위상을 고려한 '신 조선책략'이 절실하게 요구되는 때다. 그 책략의 골자는 세 가지다. 첫째는 초강대국 사이에 낀 지정학적 숙명을 타고 난 우리는 그 어느 쪽과도 소원해서는 안 된다는 점이다. 황쭌셴의 표현에 빗대자면 '연미 화중 통일'이다. 미국과 연대하고 중국과 친화하며 일본과 소통해야 한다.

둘째는 개방형 통상국가로서 국익을 최대화하려면 경제와 안보를 철저히 분리해야 한다는 것이다. 미중 충돌 시 중국과의 경제 단절을 우려하는 나라는 한국만이 아니다. 정도가 다를 뿐 수십 개 나라가 막대한 경제적 피해를 입게 된다. 애플을 비롯한 미국의 기업과 금융기관들부터도 중국과의 경제적 단절을 원치 않는다. 이들 나라 및 기업과 연대해 미중의 충돌을 중재해야 한다.

셋째는 한국이 동아시아 평화질서 구축의 주도자로 나서야 한다는 점이다. 냉전 시기 유럽 국가들이 유럽안보협력기구 OSCE를 창설해 냉전적 대결을 완화하고 공존을 달성했듯, 동아시아의 안보협력기구의 밑그림을 그리는 것이다. 대만 문제만 하더라도 본격적인 갈등이 벌어질 경우, 미중의 소용돌이에 한국이 끌려들어갈 가능성을 배제할 수 없다. 지역 안보협력체는 그런 최악의 사태를 막는 하나의 질서이자 방패가 될 수 있다. 이 세 가지 '신 책략'은 일개 정부 차원에서 감당할 수 있는 과제가 아니다. 시민사회가 모두 함께 나서야 한다.

에필로그

주

프롤로그

1 〈'순방 순서 깊게 생각하지 말라'는데, 진짜 한국 먼저 오는 이유는?〉,
《MBC》, 2022년 5월 3일.; https://www.whitehouse.gov/briefing-
room/press-briefings/2022/05/02/press-briefing-by-press-
secretary-jen-psaki-may-2-2022/

2 〈바이든 "한국 등 가치 공유하는 파트너와 공급망 회복 노력"〉,
《연합뉴스TV》, 2022년 5월 20일.

3 Peter Petri, 〈Technology Rivalry〉, 《China 2049》, Brookings Institution
Press, 2020.

4 클라우스 슈밥 외 지음, 김진희 손용수 최시영 옮김, 《4차 산업혁명의 충격》,
청림출판, 2016; 제러미 리프킨 지음, 안진환 옮김, 《3차 산업혁명》, 민음사,
2012; 에릭 브린욜프슨 지음, 이한음 옮김, 《제2의 기계시대》, 청림출판,
2014.

5 〈중국 정치국, 중관춘서 첫 외부 학습〉, 《연합뉴스》, 2013년 10월 2일.

6 https://www.chinadaily.com.cn/a/201807/27/
WS5b5a7b59a31031a351e90826.html

7 http://cpc.people.com.cn/n1/2018/0726/c64094-30170246.html

8 https://www.sipri.org/sites/default/files/2022-04/

fs_2204_milex_2021_0.pdf

9   Rush Doshi, 《The Long Game》, New York Oxford University Press, 2021 (한국어판은 《롱 게임》, 박민희·황준범 옮김, 생각의힘, 2022).

10 장하준 지음, 형성백 옮김, 《사다리 걷어차기》, 부키, 2004.

1장 긴 전쟁의 서막

1   박현, 〈오바마–시진핑, 넥타이 풀고 전략적 불신 해소할까〉, 《한겨레》, 2013년 6월 6일.

2   박현, 〈오바마–시진핑, 새로운 대국 관계 설정 필요〉, 《한겨레》, 2013년 6월 7일.

3   김외현, 〈시진핑 '2050년엔 미국 제치고 중국이 세계 최강' 선언〉, 《한겨레》, 2017년 10월 18일.

4   성연철 외, 〈시진핑–바이든 통화, 발표 내용부터 달랐다…핵심쟁점 이견 여전〉, 《한겨레》, 2021년 2월 11일.

5   그레이엄 앨리슨 지음, 정혜윤 옮김, 《예정된 전쟁》, 세종서적, 2018.

6   강지연, 〈중국제조 2025 전략〉, 《KIET 산업경제》, 산업연구원, 2015년 6월.

7   Barry Naughton, 《The Rise of China's Industrial Policy 1978 To 2020》, Academic Network of Latin America and the Caribbean on China, 2021.

8   전병서, 〈10년 동안 칼 한자루만 갈겠다는 중국〉, 《한국경제》, 2021월 3월 6일; 박민희 지음, 《중국 딜레마》, 한겨레출판, 2021.

9   이원석 외, 〈위기를 넘어 자립으로: 중국 14차 5개년 규획으로 본 경제통상정책 전망과 시사점〉, 《KITA 통상리포트》, 2021 Vol. 12.

10 Rush Doshi, 《The Long Game》.

11 Barry Naughton, 《The Rise of China's Industrial Policy 1978 To 2020》.

12 Rush Doshi, 《The Long Game》.

13 홍우리, 〈현직 장관 '중국 중진국 함정 빠질 가능성 50% 넘어'〉, 《뉴스핌》, 2015년 4월 27일.

14 Matthew Higgins, 〈China's Growth Outlook: Is High-Income Status in Reach?〉, 《Economic Policy Review》 26, no. 4, Federal Reserve Bank of New York, 2020. 10.

15 Matthew Higgins, 〈China's Growth Outlook: Is High-Income Status in Reach?〉.

16 한채수 외, 〈중국의 중장기 성장을 제약하는 구조적 리스크 요인에 대한 평가〉, 《국제경제리뷰》, 한국은행, 2021년 12월.

17 앞의 보고서.

18 앞의 보고서.

19 Eric Zhu and Tom Orlik, 〈When Will China Be the World's Biggest Economy? Maybe Never〉, 《Bloomberg》, 2022. 2. 11.

2장 세 개의 분수령

1 Stu Woo, 〈China Wants a Chip Machine From the Dutch. The U.S. Said No.〉, 《Wall Street Journal》, 2021. 7. 17.

2 신규섭 외, 〈주요국의 반도체 산업정책과 공급망 변화 전망〉, 《KITA 통상리포트》, 2021 Vol. 17.

3 Debby Wu, et al., 〈US Quietly Tightens Grip on Exports of Chipmaking Gear to China〉, 《Bloomberg》, 2022. 7. 30.

4 〈China's Progress in Semiconductor Manufacturing Equipment〉, CSET, 2021. 3.

5 Laurens Cerulus, 〈Chipmaker CEO says Washington's anti-China

tech blockade is a bad idea〉,《Politico》, 2021. 4. 23.

6   리카이푸 지음, 박세정·조성숙 옮김,《AI 슈퍼파워》, 이콘출판, 2019.

7   앞의 책.

8   Daniel Castro and Michael McLaughlin, 〈Who Is Winning the AI Race: China, the EU, or the United States?〉, ITIF, 2021.

9   Katrina Manson, 〈US has already lost AI fight to China, says ex-Pentagon software chief〉,《Financial Times》, 2021년 10월 10일.

10   National Security Commission on Artificial Intelligence, 〈Final Report〉, 2021.

11   National Security Commission on Artificial Intelligence, 〈Final Report〉.

12   〈Huawei founder Ren Zhengfei calls for 'hard fight, heroic sacrifices' amid US chip sanctions〉,《Global Times》, 2021. 11. 4.

13   〈Huawei founder Ren Zhengfei calls for 'hard fight, heroic sacrifices' amid US chip sanctions〉,《Global Times》.

14   Stefan Pongratz, 〈Key Takeaways − 2021 Total Telecom Equipment Market〉, Dell'Oro Group, 2022. 3. 14.

15   Tim Pohlmann and Magnus Buggenhagen, 〈Who leads the 5G patent race?〉, IPlytics, 2021. 11.

16   David Sacks, 〈China's Huawei Is Winning the 5G Race. Here's What the United States Should Do To Respond〉, Council on Foreign Relations, 2021. 3. 29.

17   Graham Allison, et al., 〈The Great Tech Rivalry: China vs the U.S〉, Harvard Kennedy School Belfer Center, 2021. 12.

18   차대운, 〈대담해진 마윈 '과거 방식으로 미래관리 못해'…당국 정면 비판〉,《연합뉴스》, 2020년 10월 27일.

19   모계방·서영재, 〈아마존 vs 알리바바〉, 대신증권, 2022년 5월 3일.

20   리카이푸 지음, 박세정·조성숙 옮김,《AI 슈퍼파워》, 이콘출판, 2019.

21   차대운, 〈中 빅테크 숨통 틔워주나…반도체 등 '권장분야' 제시〉,
      《연합뉴스》, 2022년 1월 20일.

22   차대운, 〈시진핑 코로나 충격에 빅테크·부동산 살리기 시사…증시 급반등〉,
      《연합뉴스》, 2022년 4월 29일.

3장 지상·해저·우주에서의 네트워크 대전

1   The National Counterintelligence and Security Center (NCSC),
     〈Foreign Economic Espionage in Cyberspace〉, 2018

2   David Sanger,《The Perfect Weapon》, Broadway Books,
     2018(한국어판은《퍼펙트 웨폰》, 정혜윤 옮김, 미래의창, 2019).

3   The International Institute for Strategic Studies(IISS), 〈Cyber
     Capabilites and National Power: A Net Assessment〉, 2021. 6.

4   Frank Rose, 〈Managing China's rise in outer space〉, The Brookings
     Institution, 2020. 4.

5   BryceTech, 〈Start-Up Space: Update on Investment in Commercial
     Space Ventures〉, 2022. 6.

6   Minnie Chan, 〈'Unforgettable humiliation' led to development of GPS
     equivalent〉,《The South China Morning Post》, 2009. 11. 13.

7   곽노필, 〈중국판 스타링크 구축 시동…우주 인터넷도 미-중 대결로〉,
     《한겨레》, 2021년 6월 8일.

8   〈중국 베이징대학, 기술 분야의 미중 전략 경쟁-분석과 전망〉,
     전략물자관리원, 2022년 2월 18일.

9   The National Intelligence Council, 〈Global Trends 2040: A More
     Contested World〉, 2021년 3월.

10   Barton Gellman and Ashkan Soltani, 〈NSA infiltrates links to
      Yahoo, Google data centers worldwide, Snowden documents say〉,
      《Washinton Post》, 2013. 10. 30.

11   Colin Wall and Pierre Morcos, 〈Invisible and Vital: Undersea Cables
      and Transatlantic Security〉, Center for Strategic and International
      Studies(CSIS), 2021. 6. 11.

12   Jonathan E. Hillman, 《The Digital Silk Road》, Harper Business,
      2021(한국어판은 《디지털 실크로드》, 박선령 옮김, 커넥트, 2022).

13   David Sanger, 《The Perfect Weapon》.

14   Jonathan E. Hillman, 《The Digital Silk Road》.

15   〈Ooredoo Maldives and PEACE Cable jointly announce to connect
      Maldives to PEACE Singapore〉, PEACE Cable Press Release, 2022. 3. 2.

16   〈Global cloud services spend exceeds US$50billion in Q4 2021〉,
      Canalys, 2022. 2; 〈Hyperscale Data Center Count Grows to
      659 – ByteDance Joins the Leading Group〉, Synergy Research Group,
      2021. 9.

4장 중국의 히든카드

1   U.S. Department of Defense, 〈Review of Critical Minerals and
      Materials〉, 100-Day Supply Chain Review, A Report by White House,
      2021. 6.

2   황현수, 〈원자재 분석: 풍력과 전기차가 견인하는 희토류〉, 신영증권, 2022.

3   Congressional Research Service, 〈Rare Earth Elements in National
      Defense: Background, Oversight Issues, and Options for Congress〉,
      2013. 12. 23.

4 연원호 외 대외경제정책연구원 연구진, 〈세계공급망 재편동향과
   무역안보상 영향 분석〉, 전략물가관리원 용역보고서, 2021년 10월.

5 U.S. Department of Defense, 〈Review of Critical Minerals and
   Materials〉, 100-Day Supply Chain Review, A Report by White House,
   2021. 6.

6 김경훈·박가현, 〈우리나라와 주요국의 희토류 공급망 현황 및 시사점〉,
   《Trade Focus》 2021년 18호, 한국무역협회 국제무역통상연구원, 2021년
   6월.

7 안영준·위경재, 〈글로벌 친환경차/2차전지 Monthly(2021년 12월)〉,
   하나금융투자, 2022년 2월 3일.

8 Rico Luman, et al., 〈Slow start for US electric vehicles, but times are
   changing〉, ING Bank N.V., 2021. 12. 1.

9 Eric Lipton, et al., 〈Race to the Future: What to Know About the
   Frantic Quest for Cobalt〉, 《The New York Times》, 2021. 11. 20.

10 배성봉, 〈리튬이차전지 시장 현황과 활용방안 진출 전략〉, Kotra, 2021년
   12월.

5장 프랭클린과 마오의 금융패권 전쟁

1 Juan C. Zarate, 《Treasury's War》, PublicAffairs, 2013.

2 Jacob Lew, 〈Excerpts of Secretary Lew's Remarks on Sanctions at The
   Carnegie Endowment for International Peace〉, 2016. 3. 30.

3 Coco Feng, 〈China's digital currency: e-CNY wallet nearly doubles
   user base in two months to 261 million ahead of Winter Olympics〉,
   《South China Morning Post》, 2022. 1. 19.

4 Eswar S. Prasad, 〈Digital currencies are transforming the Future of

money〉, Dollar and Sense podcast, The Brookings Institution, 2021. 6. 21.

5   Andrew Ackerman, 〈Fed Launches Review of Possible Central Bank Digital Currency〉, 《Wall Street Journal》, 2022. 1. 20.

6   Barry Eichengreen, 〈Will Central Bank Digital Currencies Doom Dollar Dominance?〉, 《Project Syndicate》, 2021. 8. 9.

7   Eswar S. Prasad, 《The Future of Money》, Harvard University Press, 2021.

6장 첨단 무기 경쟁

1   U.S. Defense Innovation Unit, 〈Annual Report 2020〉, 2020.

2   김상배, 〈미래전의 진화와 국제정치의 변화〉, 《4차 산업혁명과 신흥 군사안보》, 한울 아카데미, 2020.

3   양평섭·최지원, 〈미·중 마찰의 주요 쟁점과 한·중 경제협력 방향〉, 대외경제정책연구원, 2021년 5월.

4   Elsa B. Kania, 〈In Military-Civil Fusion, China is Learning Lessons from the United States and Starting to Innovate〉, The Strategy Bridge, 2019. 8. 27.

5   박현, 〈미, 한국에 사드 배치 검토〉, 《한겨레》, 2014년 5월 28일.

6   Van Jackson, 〈America Is Turning Asia Into a Powder Keg〉, Foreign Affairs, 2021. 10. 22.

7   James M. Acton, 〈China's Tests Are No Sputnik Moment〉, Carnegie Endowment for International Peace, 2021. 10. 21.

7장 디커플링—21세기의 냉전

1 　U.S.-China Economic and Security Review Commission, 〈2021 Report to Congress〉, 2021. 11.

2 　U.S.-China Economic and Security Review Commission, 〈2021 Report to Congress〉.

3 　Stephanie Segal, 〈Degrees of Separation: A Targeted Approach to U.S.-China Decoupling – Final Report〉, 2021. 10.

4 　U.S.-China Economic and Security Review Commission, 〈Chinese Companies Listed on Major U.S. Stock Exchanges〉, 2021. 5. 5.

5 　Gary Gensler, 〈SEC Chair: Chinese Firms Need to Open Their Books〉, 《Wall Street Journal》, 2021. 9. 13.

에필로그

1 　Fred C. Bergsten, 《The United States vs. China: The Quest for Global Economic Leadership》, Polity: Cambridge, 2022.

2 　Graham Allison, et al., 〈The Great Tech Rivalry: China vs the U.S.〉, Harvard Kennedy School Belfer Center, 2021. 12.

3 　〈중국 베이징대학, 기술 분야의 미중 전략 경쟁–분석과 전망〉, 전략물자관리원, 2022년 2월 18일.

4 　Kevin Rudd, 《The Avoidable War: The Dangers of a Catastrophic Conflict between the US and Xi Jinping's China》, PublicAffairs, 2022.

5 　Diego A. Cerdeiro, et al., 〈Sizing Up the Effects of Technological Decoupling〉, 《IMF Working Paper》 No. 2021/069, 2021. 3. 12.

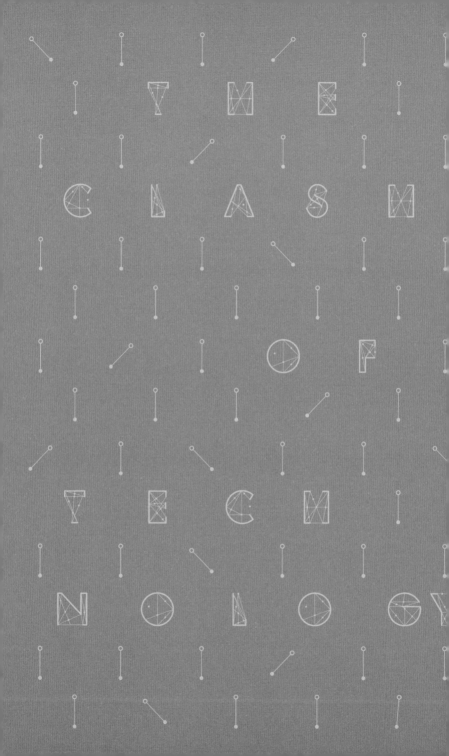